国際法・外交ブックレット❷

イランの核問題と国際法

浅田正彦 著

東信堂

国際法・外交ブックレット刊行の辞

出版事情が厳しい昨今、分厚い書籍は良書であっても忙しい現代人にはおよそフィットせず、また通勤・通学における持ち運びを考えれば尚更そうである。我々は「あらゆる書物は長すぎる」というヴォルテールのような過激な主張をするつもりはないが、薄くて安価だが役に立つブックレットこそが現代の多くの読者が求めているものであると考える。

特に、目まぐるしい勢いで変転している国際社会の諸課題について、国際社会の共通ルールである国際法の観点からコンパクトな解説や指針を与えてくれるブックレットの刊行は、時代の要請でもある。新聞やテレビにおいては、重要な事件についての国際関係からの解説は無数といってもよいほどあるが、「国際法に照らして問題がある」とか「国際法上ありえない」などの指摘があるにもかかわらず、国際法の観点からの解説は極めて少ないのが実状だからである。

このような観点から、我々は、このたび国際法・外交ブックレットのシリーズの編者をお引き受けし、同シリーズを刊行することにした。

本シリーズは、大きな影響を及ぼす（及ぼした）国際的事件についての解説を主軸におきつつ、国際法に関する基礎知識を解説するもの、過去の重要な条約の概観、国際法や外交上の功績のあった者の伝記等も刊行する予定である。

ブックレットは、特に最新の事件については書下ろしとなるであろうが、必ずしもそうである必要はなく、専門的な書籍や学術誌等に発表されたものを専門外の読者の用に供するために若干のアップデートを施して刊行するものもある。また、アカデミックな会合での諸報告の記録として刊行することも考えている。学生には格好のゼミのテーマを提供することになるであろうし、一般読者にとってはホット・トピックについての新聞やテレビでは得られない本質に迫る解説を得られることになろう。もし読者がさらに深く検討したいと考えるならば、編者の目的は十分達成されることになる。「有益な書物とは読者に補足を求めずにおかぬような書物」（ヴォルテール）だからである。

本シリーズを通じて国際法を理解し「国際社会における法の支配」を重視する読者が増えれば、我々としてこれにまさる喜びはない。

2019 年 7 月 26 日

京都大学教授　浅田正彦

東京大学教授　中谷和弘

目次／イランの核問題と国際法

表一覧

はじめに

核兵器の脅威にいかに対処するかという問題は、1945年にアメリカが広島・長崎に原爆を投下して以来、一貫して国際社会の最重要課題の1つであり続けてきた。しかし、核拡散問題、とりわけ今世紀に国際的な注目を集めている核拡散問題とは、北朝鮮とイランのそれであるといってよかろう[1]。このうち北朝鮮の核問題は、アメリカのトランプ大統領が政権発足後ほどなくして取り組んだ成果としての2018年6月12日の「米朝シンガポール共同声明[2]」はあるものの、その後はまったく進展を見ていないのが実情である[3]。

これに対してイランの核問題については、2015年7月14日の歴史的な「包括的共同作業計画(Joint Comprehensive Plan of Action)」(JCPOA)[4]の合意、それを受けた同年7月20日の安保理決議2231の採択を始め、2018年5月8日のアメリカによるJCPOAからの脱退とその後の制裁の復活、同年7月16日のイランによるアメリカを相手にした制裁復活問題に関連する国際司法裁判所(ICJ)への提訴[5]、2020年8月20日のアメリカによる国連制裁復活手続の援用と他の関係

1 フランスはJCPOAを承認する安保理の会合において、イランの核問題を「過去20年で最も深刻な危機の1つ」と表現した。UN Doc. S/PV.7488, 20 July 2015, p. 5.

2 浅田正彦編集代表『ベーシック条約集2021』(東信堂、2021年)1133頁。

3 アメリカのバイデン新政権は2021年2月から、核・ミサイル問題をめぐって北朝鮮当局との接触を試みているが、返答はないという。Sabrina Siddiqui and Michael R. Gordon, "U.S. Outreach to North Korea Has Gone Unanswered, White House Says," *Wall Street Journal*, 15 March 2021, at https://www.wsj.com/articles/u-s-outreach-to-north-korea-has-gone-unanswered-white-house-says-11615835288 (accessed on 17 March 2021).

4 JCPOAのテキストにつき、see UN Docs. S/2015/544, 16 July 2015; S/RES/2231(2015), 20 July 2015, Annex A (hereinafter cited as "JCPOA").

5 この提訴は、1955年のアメリカとイランとの間の「友好、経済関係および領事権に関する条

国によるその拒否など、法的にも興味深い様々な展開がある。しかしそれらは、JCPOAの内容そのものの複雑さから始まり、その後の展開の難解さに至るまで、必ずしも容易に理解できるものではない。

本ブックレットでは、そうしたイランの核問題をめぐる最近の展開に焦点を当て、複雑で難解なJCPOAの合意内容とその後の様々な展開を国際法の側面を中心に解明したい。ただし、イランによるICJ提訴の問題はなお審理中であるので[6]、本ブックレットにおける検討対象からは外す。検討に先立って、前提的な問題として、イランによる核開発の歴史と、核不拡散にかかる関連する法制度の概略について簡単に整理しておくことにしたい。

約」の第21条2項を基礎に行われたが、ICJによる暫定措置命令が出された2018年10月3日に、アメリカはこの条約を廃棄している。See Michael R. Pompeo, "Remarks to the Media," 3 October 2018, at https://www.state.gov/remarks-to-the-media-3/ (accessed on 10 October 2018).

6 経緯につき、see https://www.icj-cij.org/en/case/175 (accessed on 20 December 2020). なおICJは、2021年2月3日の先決的抗弁判決において、管轄権の存在と受理許容性を認めた。*Alleged Violations of the 1955 Treaty of Amity, Economic Relations, and Consular Rights* (*Islamic Republic of Iran v. United States of America*), Preliminary Objections, Judgment of 3 February 2021, para. 114.

I．イランによる核開発の歴史と核不拡散体制強化の動き

1. イランによる核開発の歴史

イランの原子力への関心は、1950年代から存在した。その動機は、同国における豊富な石油資源の埋蔵[1]という同じエネルギーに関連する事情も少なからず関係していた。すなわち、同国には自国の石油資源が欧米列強による搾取の対象となってきたという被害者意識が強かった。イギリスのアングロ・イラニアン石油会社によるイラン石油の独占、その後の同石油会社のイランによる国有化、そして背後でアメリカが関与する形で行われた1953年のモサデク首相失脚のクーデタなどがそうである。そうした歴史から決別して、真に独立した強国となるためには、原子力技術の開発が重要だと考えられるようになったとされる[2]。また、将来、石油・ガスによってエネルギーを賄うことができなくなったときのための「保険」としての原子力や、さらには地域的な安全保障などを考慮して、核兵器オプションのためにも原子力の利用を考えていたといわれる[3]。

イランは、1956年にテヘラン大学に原子力センター（現テヘラン原子力研究セ

1 イランの石油（原油）埋蔵量は世界第4位である。

2 Daniel H. Joyner, *Iran's Nuclear Program and International Law: From Confrontation to Accord* (Oxford U.P., 2016), pp. 4-5.

3 Richard Nephew, *The Art of Sanctions: A View from the Field* (Columbia U.P., 2018), pp. 28-29.

ンター）を設立し、翌年、アメリカとの間で二国間の原子力平和利用協定を締結した。1967年には、アメリカから研究炉と燃料の濃縮ウランの提供を受けた。イランは、自らの原子力計画が平和利用目的であることを示すべく、核兵器不拡散条約（NPT）が署名に開放されたその日（1968年7月1日）に同条約に署名し、1970年2月に批准して、その発効（1970年3月5日）と同時に同条約の原当事国となっている[4]。さらに1973年6月には、NPT第3条に従い、国際原子力機関（IAEA）との間で包括的保障措置協定に署名した（1974年5月に発効）[5]。

1973年の第1次石油危機を契機として、各国が石油から原子力へとエネルギーの供給源を移行させる方向となり、イランも本格的に原子力開発を推進することとなった。西ドイツの企業と契約を結び、1976年にブシェールで2基の軽水炉の建設を開始した。しかし、特に1979年のイスラム革命後に欧米諸国との関係が悪化し、西ドイツの企業も撤退して、ブシェールの軽水炉の建設は中止されるに至った[6]。その後、1980年から88年まで続いたイラン・イラク戦争は、原子炉の空爆などイランの原子力開発を停滞させる一因となったが、同時に、イランに核兵器開発を決断させる契機ともなった。すなわち、イランはイラクによる軍事侵攻を受けた後、化学兵器使用の犠牲ともなったが、国際社会はイランの期待したようにはイラクに対して厳しい態度をとることはなかった。そのため、イランは安全保障に関する自助努力の必要を強く感じるようになったといわれる[7]。もちろんこれらに加えて、核兵器の保有が公然の秘密となっているイスラエルの存在や、誇り高いイラン人の持つ国家としての威信の問題が、イランによる核開発の背景にあったことは否定できないであろう。

---

4 See http://disarmament.un.org/treaties/t/npt (accessed on 20 December 2020).

5 IAEA Doc. INFCIRC/214, 13 December 1974; https://www.iaea.org/sites/default/files/20/01/sg-agreements-comprehensive-status.pdf (accessed on 25 January 2021).

6 瀬川高央『核軍縮の現代史―北朝鮮・ウクライナ・イラン―』（吉川弘文館、2019年）173、175頁。Jorge Morales Pedraza, "The Iranian Nuclear Program and the Joint Comprehensive Plan of Action," *Current Politics and Economics of the Middle East*, Vol. 6, No. 4 (2015), p. 787.

7 北野充『核拡散防止の比較政治―核保有に至った国、断念した国―』（ミネルヴァ書房、2016年）255-256頁。

2. 保障措置の強化

NPTは、世界の国を、核兵器の保有を認められる国（核兵器国）とそれが認められない国（非核兵器国）とに分け、前者に対して、核兵器をいかなる者にも移譲しないという義務を課し、後者に対して、核兵器をいかなる者からも受領せず、また核兵器を自ら製造しないという義務を課すものである。非核兵器国に課される後者の核兵器を製造しない義務は、IAEAによる検証（「保障措置」と呼ばれる）の対象となる。

これまでIAEAは、NPTの当事国であると否とを問わず、およそ非核兵器国である国の締結する保障措置協定の基礎となるべき文書を二種類作成してきた[8]。そのうちNPTの当事国である非核兵器国を対象とするものは、NPTの発効を受けて1971年3月に作成されたINFCIRC/153という文書であり、非核兵器国がNPT第3条に従い、IAEAとの間に締結を義務づけられている包括的保障措置協定の構成と内容を定めるものである。イランが1973年に署名した協定も、この文書を基礎としている。

包括的保障措置協定は、当該国に核物質に関する報告（申告）を求め、IAEAがその正確さを確認するために査察を行うという内容であるが、当該国自身による申告を基礎とした検証制度の不十分さは、イラクによる核開発の発覚で表面化した。1991年の湾岸戦争後に、安保理決議687に基づいて実施されたある種の強制査察の結果として、かつてイラクがIAEAに申告し、IAEAが通常査察を行っていた施設の近傍にある申告されていない施設において、イラクが核兵器開発を行っていた「決定的証拠」が得られたのである[9]。

この事実を受けて、IAEAの検証制度に根本的な改革が必要であることが認識され、「93+2計画（Programme 93+2）」と呼ばれるプログラムが立ち上げられた。

8　包括的保障措置（NPT当事国である非核兵器国用で、当該国のすべての平和的原子力活動にかかるすべての核物質を対象）の基礎となるINFCIRC/153と、個別的保障措置（NPT非当事国である非核兵器国用で、移転された当該資機材を対象）の基礎となるINFCIRC/66である。

9　UN Doc. S/23122, 8 October 1991, Annex, paras. 3, 4-6; Garry B. Dillon, "The IAEA in Iraq: Past Activities and Findings," *IAEA Bulletin*, Vol. 44, No. 2 (2002), pp. 13-14.

この計画は二部に分けて実施され、第1部は、現行の包括的保障措置協定に基づくIAEAの権限の範囲内で実施可能な措置、第2部はその実施のためにはIAEAに追加的な法的権限が付与される必要のある措置からなるものとされた。

第1部に属するものの1つが「設計情報の早期提出」である。包括的保障措置協定では、「新たな施設」の設計情報の提出期限は協定の補助取極に規定されるが、モデル補助取極によれば、その提出期限は「通常、当該施設が初めて核物質の搬入を受ける予定の日の180日以上前」とされていた。そのため、新たな施設の建設を行いながら、その設計情報の提出を行わなかったとしても、核物質の搬入予定日が決まっていなかったとか、搬入予定が決まれば提出する予定であったといった抗弁を許すものであったのであり、実際、イラクによるそうした主張が可能となったとされる[10]。そこでその点を改め、新たな施設の予備的な設計情報は、「建設または建設の許可の決定が行われ次第、できるだけ早期に」提供されることとされ[11]、その旨の補助取極の改正が順次行われた(「改正コード3.1」と呼ばれる)。

第2部は、第1部の完了後、IAEA事務局の作成した草案を基礎に起草委員会を中心に審議がなされ、1997年5月のIAEA特別理事会において、保障措置協定に対する「モデル追加議定書」として採択された[12]。追加議定書においては、包括的保障措置協定では求められない広範な情報の提供が求められる(拡大申告)と共に、査察の対象となる範囲も拡大された(拡大アクセス)[13]。

拡大アクセスは、正式には「補完的なアクセス(complementary access)」と呼ばれ、

---

10 Lawrence Scheinman, "The Current Status of IAEA Safeguards," in David Fischer, Ben Sanders, Lawrence Scheinman and George Bunn, *A New Nuclear Triad: The Non-Proliferation of Nuclear Weapons, International Verification and the International Atomic Energy Agency* (Programme for Promoting Nuclear Non-Proliferation, 1992), p. 21.

11 IAEA Docs. GOV/2554/Attachment 2/Rev.1, 20 January 1992, para. 6; GOV/OR.777, 26 February 1992, paras. 71-76.

12 IAEA Doc. INFCIRC/540(Corrected), September 1997.

13 追加議定書の概要につき、浅田正彦「NPT・IAEA体制の新展開—保障措置強化策を中心に—」『世界法年報』第18号(1999年3月)19-21頁参照。

追加議定書で新たに申告対象となった場所を中心に、未申告の核物質・原子力活動の不存在の確認、申告内容の正確性・完全性に関する疑義の解消、申告情報の整合性に関する問題の解決のために実施されるものとされる（第4条）。なかでもモデル追加議定書第5条cの規定する補完的アクセスは、国の側に「特定の場所における環境試料の採取を行うために［国際原子力］機関が指定する場所」へのアクセスを提供することを義務づけており、申告されていない施設（未申告施設）に対してもアクセスを認めるものとなっている。

このような画期的な内容を含むモデル追加議定書であるが、NPT当事国に追加議定書を締結する義務があるかといえば、それはないといわざるを得ない[14]。実際、累次のNPT再検討会議で採択された最終文書においても、追加議定書の締結が義務ではないことを前提とした記述がなされている[15]。

3. 濃縮・再処理技術の移転制限

NPTのもう1つの弱点として指摘されてきたのが、機微技術（濃縮・再処理[16]）をめぐる問題である。核物質の利用には、原子力発電におけるような平和利用がある一方で、核兵器開発におけるような軍事利用もあるが、使用される技術（濃縮・再処理）は共通しており、それが軍事的に利用される可能性があ

14　Masahiko Asada, "The NPT and the IAEA Additional Protocol," in Jonathan Black-Branch and Dieter Fleck (eds.), *Nuclear Non-Proliferation in International Law, Vol. II: Verification and Compliance* (Asser Press, 2016), pp. 98-113

15　最終文書がコンセンサス採択された直近のNPT再検討会議である2010年再検討会議の最終文書（該当部分は議長が所感をまとめ、会議が留意したもの）では、「追加議定書の締結はいずれの国においてもその主権的な決定であることに留意」している。NPT Doc. NPT/CONF.2010/50(Vol. I), 2010, p. 4, para. 17.

16　天然ウランにはウラン235（核分裂性）が0.7％強のほか、ウラン238（非核分裂性）が99.3％弱、ウラン234（非核分裂性）が0.005％含まれている。天然ウラン中のウラン235の濃度を高める作業が「濃縮」である。現在主流の原発である軽水炉は、ウラン235の濃度を3~5％まで濃縮した低濃縮ウラン（LEU）を燃料として使用し、燃料中のウラン235の核分裂を制御しつつ、そのエネルギーを利用するものである。原発の運転（燃料の燃焼）中に、燃料中のウラン238が中性子を取り込んでプルトニウム239（核分裂性）になる。このようにして生成された使用済燃料中のプルトニウム239を取り出す作業が「再処理」である。

るからといってそれらを全面的に禁止することはできないのである。

この点については、2002年8月のイランの反体制組織によるイランの未申告核関連活動の暴露の後、NPTにかかる根本的な問題として、IAEAのエルバラダイ事務局長が、2003年10月の『エコノミスト』誌に寄稿した記事において、次のように危機感をもって指摘している。すなわち、NPTの下では、ウランの濃縮も使用済核燃料の再処理(=プルトニウムの抽出)も禁止されていないので、現行の制度の下では、非核兵器国が濃縮や再処理の技術を保持することも、兵器級の核物質を保有することもまったく違法でないだけでなく、一定の種類の核兵器製造技術は公開の文書において容易に入手することができるのであって、完全な核燃料サイクル(濃縮から再処理まで)能力を有する国であれば、数か月以内に核兵器を生産することができると信じられており、35〜40の国が核兵器取得の知識を有しているとの見方もある、という。こうした懸念から同事務局長は、民生用の原子力計画における兵器に利用可能な核物質(高濃縮ウランとプルトニウム)の加工および濃縮や再処理を通じた新たな核物質の生産を制限し、濃縮・再処理の活動を多数国間の管理の下にある施設のみに限定することに合意すべきという点を含む、一連の提案を行った[17](エルバラダイ構想)。

それからやや遅れて2004年2月11日には、アメリカのブッシュ大統領が同様な懸念から、原子力供給国グループ(NSG)(後述)の参加40か国は「本格的な規模の稼働している既存の濃縮・再処理工場を持たない国に対して濃縮・再処理の設備・技術の売却を拒否すべきこと」を提案している[18](ブッシュ提案)。こうして、核拡散をめぐるNPT関連のもう1つの課題として、濃縮・再処理技術の拡散防止が注目されることとなった。

この点に関しては、ブッシュ提案でも言及された、核関連資機材の協調的な輸出管理を実施しているNSGの枠内で主要な取組みがなされることになる。NSGは、1974年のNPT非当事国であるインドによる「平和的核爆発」(平和利

---

17 See Mohamed ElBaradei, "Towards a Safer World," *The Economist*, 18 October 2003, pp. 51-52.

18 White House, "President Announces New Measures to Counter the Threat of WMD: Remarks by the President on Weapons of Mass Destruction Proliferation," National Defense University, 11 February 2004.

用を条件にカナダが提供した研究炉で生産したプルトニウムを利用）と称する核実験の実施を受けて、翌75年4月に、平和利用による原子力資機材の移転が核兵器その他の核爆発装置に転用されるのを防止することを目的に結成されたもので、グループの作成した原子力資機材の移転条件を定めるガイドラインに従って、参加国がその国内法等を通じて輸出管理を実施するというものである[19]。

NSGでは、2004年2月のブッシュ提案を受けて、同年5月の総会で同提案について議論がなされたが、特定の原子力技術の提供を一律に拒否することがNPT第4条（原子力の平和利用の権利を規定）と両立するのか、という疑問も提起され、合意には至らなかった[20]。その後、この問題をめぐる議論は容易には解決せず、アメリカの方針転換などを受けて2011年になってようやく、機微な（核兵器に使用可能な）施設、設備、技術および物質の輸出に関するガイドラインの条項（第6項）の改正が合意された。

それによれば、濃縮・再処理にかかる施設、設備および技術について、①NPTの当事国であり、NPTを完全に遵守していること、②IAEA理事会が審議中のIAEA事務局による報告書において、保障措置協定の違反を指摘されていないことなどが列挙され、それら列挙された6つの条件のすべてを満たさない限り、それらの移転を許可すべきではないとされたほか、受領国が包括的保障措置協定を発効させており、かつ、追加議定書を発効させている（またはそれまでの間IAEAと協力して適切な保障措置協定を実施している）場合にのみ、それらの移転を許可すべきである、とされた[21]。

こうして、保障措置の強化（改正コード3.1および追加議定書）と機微技術の移転制限（NSGガイドラインの改正）の両側面において、核不拡散の取組みが強化されることになった。しかし、これは一般的な取組みであって、イランのよう

19　IAEA Doc. INFCIRC/539/Rev.7, 5 November 2019, paras. 3-15. 牧野守邦「核兵器関連の輸出管理レジーム」浅田正彦編『輸出管理―制度と実践―』（有信堂、2012年）22頁。

20　Wade Boese, “U.S. Nuclear Trade Restriction Initiatives Still on Hold,” *Arms Control Today*, Vol. 34, No. 10 (December 2004), p. 19; idem, “Nuclear Suppliers Pass on U.S. Proposals,” *Arms Control Today*, Vol. 34, No. 6 (July/August 2004), p. 43.

21　IAEA Doc. INFCIRC/254/Rev.10/Part 1, July 2011, para. 6.

な特定の懸念国との関係では、別途のテイラー・メイドの取組みが必要であった[22]。

22 イランに対する取組みが特別のものである点は、後述のJCPOAとそれを「承認」した安保理決議2231においても明記されており、同決議は、JCPOAに含まれるすべての規定が関係国間の履行のためだけのものであり、「他のいずれの国にとっても、また国際法上の原則および［NPT］その他の関連文書に基づく権利義務にとっても、さらには国際的に承認された原則と実行にとっても、前例となると考えるべきではない」ことを「決定（Decides）」している。UN Doc. S/RES/2231(2015), op. cit., para. 27. See also JCPOA, Preamble and General Provisions, para. xi.

II. テヘラン合意声明とパリ合意から濃縮関連活動の再開へ

1. テヘラン合意声明とパリ合意

前述のように、イランの核開発疑惑は、2002年8月にイランの反体制組織がイランにおける2つの秘密核施設(ナタンズのウラン濃縮施設、アラクの重水生産工場)の建設について暴露したことを契機として始まった[1]。同年9月のIAEA総会の折に、エルバラダイ事務局長がイランの副大統領に対して、8月のメディア情報の真偽を尋ねたのに対して、副大統領は若干の関連情報を提供すると共に、事務局長によるイラン訪問に同意した[2]。2003年2月のIAEA事務局長によるイラン訪問に際して、イランは、ナタンズのウラン濃縮施設について初めてIAEAに申告すると共に、アラクにおける重水生産工場の建設についても確認し[3]、こうして関連施設に対してIAEAによる検認活動が行われることになった。

IAEA理事会は、2003年6月に議長声明を発し、イランに対して保障措置に関するすべての問題を直ちに是正するよう要請すると共に、濃縮プラントに核

1 イランは、もし(IAEAへの)協力に遅れがあったとすれば、それはアメリカによる妨害への懸念からであったと述べている。IAEA Doc. GOV/OR.1081, 12 September 2003, para. 8, reproduced in Yaël Ronen, *The Iran Nuclear Issue* (Hart, 2010), p. 272.

2 Mohamed ElBaradei, *The Age of Deception: Nuclear Diplomacy in Treacherous Times* (Bloomsbury Qatar Foundation Pub., 2011), pp. 112-113.

3 IAEA Doc. GOV/2003/40, 6 June 2003, para. 5.

物質を入れないよう奨励した[4]。しかし、8月の事務局長報告書において、議長声明にも拘らず、その後イランが濃縮プラントに核物質を注入したこと、（イランは濃縮活動を一切行っていないと主張してきたにも拘らず）ナタンズの濃縮プラントで高濃縮ウランが検出された（核物質注入前の環境サンプリングの結果）ことなどが報告されたこともあり、IAEA理事会は、9月12日、次のような内容を含む本件に関する最初の決議を採択した。すなわち、理事会はイランに対して、①すべてのウラン濃縮関連活動の停止を要請し、②すべての（報告の）履行不備（failures）を是正し、IAEAに完全に協力することが不可欠かつ緊急であることを決定すると共に、③即時無条件に追加議定書に署名・批准し、それを完全に実施し、今後は追加議定書に従って行動するよう要請した[5]。

このような理事会の行動に対して、イランは理事会の決議採択の場から退席したが、英仏独三国（「E3」と呼ばれる）の外相がイランを訪問した結果、2003年10月21日に、上記決議の内容を実質的に受け入れるような内容の「テヘラン合意声明[6]（Tehran Agreed Statement）」が発せられた。同声明においてイラン政府は、①IAEAとの完全な協力を決定したこと、②追加議定書に署名し批准手続を開始することを決定したこと、批准までの間追加議定書に従ってIAEAとの協力を継続すること、③「IAEAの定めるすべてのウラン濃縮活動と再処理活動（all uranium enrichment and reprocessing activities as defined by the IAEA）」の自発的停止を決定したこと、を三国外相に通報したとしている[7]。実際イランは、同年12月18日、追加議定書に署名し、発効までの間追加議定書の規定に従って行動する旨を表明した[8]。

しかし、リビアによる大量破壊兵器放棄の動きに関連して、パキスタンのカーン博士を中心とする「核の闇市場」の存在が明らかとなり、イランにも遠

4 IAEA Media Advisory 2003/72, 19 June 2003.

5 IAEA Doc. GOV/2003/69, 12 September 2003, paras. 3, 4, 6.

6 この略称はパリ合意において使用されている。正式には、「イラン政府と訪問中のEUの諸外務大臣による声明（Statement by the Iranian Government and visiting EU Foreign Ministers）」という。

7 “Statement by the Iranian Government and visiting EU Foreign Ministers,” 21 October 2003.

8 IAEA, “Iran Signs Additional Protocol on Nuclear Safeguards: Signing Ceremony Takes Place at IAEA, Staff Report,” 18 December 2003.

表１　イランの核開発と国際社会の対応①（秘密核施設の発覚～安保理付託）

年月	事項
2002.08	イラン反体制組織による秘密核施設建設の暴露
2003.09	IAEA 理事会、初めての対イラン決議を採択
2003.10	テヘラン合意声明
2003.12	イラン、追加議定書に署名、自発的実施を開始
2004.11	パリ合意
2005.08	アフマディネジャド大統領就任、ウラン転換活動を再開
2005.09	IAEA 理事会、イランによる違反認定決議を採択
2006.02	IAEA 理事会、安保理付託決議を採択

心分離機が提供されていた旨の証言がなされ、2004 年 2 月にはその点が IAEA によって確認された[9]。また、テヘラン合意声明の解釈をめぐる争い（「濃縮活動」に遠心分離機の組立てや部品生産、ウラン転換活動を含むか）を背景に、イランは、2004 年 6 月の IAEA 理事会決議[10]に反発するなどして、上記の解釈が争われていた諸活動を再開ないし継続した[11]。

そこで E3 に EU を加えた E3/EU[12]は再度イランと交渉し、2004 年 11 月 15 日、ソラナ EU 共通外交安全保障政策上級代表の協力も得て、新たな合意としての「パリ合意[13]（Paris Agreement）」を結んだ。このパリ合意においてイラン

9　David Patrikarakos, *Nuclear Iran: The Birth of an Atomic State*, 2nd ed. (I.B. Tauris, 2021), p. 202. 岩田修一郎『核拡散の論理―主権と国益をめぐる国家の攻防―』（勁草書房、2010 年）88 頁。IAEA によるナタンズのウラン濃縮施設の査察の結果、遠心分離機技術がパキスタンによって提供されていたことが判明し、それがカーン博士の逮捕につながったといわれる。Alireza Jafarzadeh, *The Iran Threat: President Ahmadinejad and the Coming Nuclear Crisis* (Macmillan, 2008), p. 135.

10　IAEA へのアクセス提供の観点からイランの協力が完全で、時宜を得た、かつ積極的なものではないことや、イランが理事会決議の要請に従ってすべての濃縮関連活動および再処理活動の停止を自発的に決定したことに関連して、イランがその約束を包括的には実施していないことについて遺憾であるとする内容を含んでいた。IAEA Doc. GOV/2004/49, 18 June 2004, paras. 2, 7.

11　Paul Kerr, "IAEA Puts Off Showdown with Iran," *Arms Control Today*, Vol. 34, No. 8 (October 2004), pp. 27-28; idem, "Iran Considers EU Compromise Proposal," *Arms Control Today*, Vol. 34, No. 9 (November 2004), pp. 29-30; idem, "IAEA Cites Iran Progress, Raises Questions," *Arms Control Today*, Vol. 34, No. 10 (December 2004), p. 29; *Associated Press*, 6 October 2004.

12　当初の段階は E3、ソラナ EU 共通外交安全保障政策上級代表が参加し始めた 2004 年からは E3/EU と表現される。

13　IAEA Doc. INFCIRC/637, 26 November 2004, pp. 3-4.

は、① IAEA との間の完全な協力と透明性を約束し、②すべての濃縮関連活動および再処理活動（all enrichment related and reprocessing activities）の自発的な停止（EU はこれが自発的な信頼醸成措置であり法的義務ではないことを承認）の継続を決定し、③各種協力を含む長期的な取決め[14] の交渉期間中その停止を維持する、とした。②は同年 9 月の IAEA 理事会決議[15] を反映したものであり、「濃縮関連活動」と再処理活動については上記の争われていた諸活動を列挙して[16]、それらが停止に含まれることが明記された。このパリ合意の法的性格については、②が法的義務でないことは明らかであるが、それ以外については必ずしも明確ではない。②が法的義務でないことを特に明記していることからは、それ以外については異なる法的性格であると考えられなくもないが、用いられている文言等からして、法的義務を創設する条約であるとは考えがたく[17]、②は単なる確認ないし強調であろう。

2. アフマディネジャド大統領の登場と濃縮関連活動の再開

E3/EU は、2005 年 8 月 5 日に、パリ合意の③にいう長期的な取決めに関する包括的提案（「長期的な合意のための枠組み」）を提出したが[18]、同じ 8 月に就任し

14 長期的な取決めは、①イランの原子力計画が専ら平和目的であることの客観的な保証、②原子力協力、技術協力および経済協力に関する確固とした保証、③安全保障問題に関する確固とした約束、を含むものとされた。

15 IAEA Doc. GOV/2004/79, 18 September 2004, para. 3.

16 ガス遠心分離機およびその部品の製造および輸入、ガス遠心分離機の組立て、設置、実験または運転、あらゆるプルトニウム分離の作業またはあらゆるプルトニウム分離施設の建設もしくは運転の作業、ならびにあらゆるウラン転換施設におけるすべての実験または生産が列記されている。IAEA Doc. INFCIR/637, op. cit., p. 3.

17 同旨の主張として、Michael Spies, "Iran and the Limits of the Nuclear Non-Proliferation Regime," *American University International Law Review*, Vol. 22, No. 3 (2007), p. 439.

18 E3/EU の包括的提案は、E3/EU が、①イランの NPT 第 4 条に基づく権利を承認する、②イランの民生用原子力計画を支持する、③イランによる国際原子力技術市場へのアクセスに協力する、④イランの原子炉への燃料供給保証の枠組みの策定を提案する、⑤ EU・イラン間の長期的な政治安全保障関係協議協力メカニズムおよび経済技術協力計画の策定を検討する、⑥地域的安全保障取決めの策定への協力を約束する、⑦イランの WTO 加盟への政治的支持を確認

たイランの急進派アフマディネジャド新大統領は、直ちに拒否回答を行うと共に、8月8日、パリ合意に基づいて停止していたウラン転換活動を再開するに至った。こうした動きの背景には、自発的に濃縮活動を停止して2年近くが経過してもヨーロッパとの交渉が進まず、何の見返りも得られていないという不満があった[19]。IAEAは8月11日に特別理事会を開き、すべての濃縮関連活動を再度完全に停止するよう求める決議を採択したが、これにイランが応じなかったため、9月24日の理事会においてさらに決議を採択し、「GOV/2003/75に詳述されるNPT保障措置協定を遵守する義務のイランによる多数の履行不備および違反(failures and breaches)[20]が[IAEA]憲章第12条Cの文脈における違反(non compliance)を構成する」ことを認定した[21]。

もっともこの時は、中露両国が反対したため、「[IAEA憲章]第12条Cの下で必要とされる[安保理への]報告および第3条B.4の下で必要とされる[安保理への]通告の時期と内容はいずれ検討する」として、即時の安保理への報告・通告(以下、「安保理への付託」と総称する)は行われなかった。しかし、2006年1月10日になって、イランがIAEAの査察員立会いの下に封印を撤去し、ナタンズにおけるウラン濃縮関連の「研究開発」活動を再開したため、IAEA理事会

する、イランが、①軽水炉と実験炉以外の燃料サイクル活動を追求しないという拘束力ある約束を行う、②NPTから脱退しないという法的な約束を行う、③追加議定書を2005年末までに批准し、批准までの間それを完全に実施する、④すべての未解決の問題を解決するためIAEAと協力する、⑤イラン国外からの燃料の供給取決めに合意し使用済燃料の返還を約束する、というものであった。IAEA Doc. INFCIRC/651, 8 August 2005, pp. 13, 14, 17, 12, 23, 9, 25, 20, 21. イランの反応は、国際法と国連憲章、NPT、テヘラン合意声明、パリ合意に明確に反するもので、イランに対する侮辱である、というものであった。See "Response of the Islamic Republic of Iran to the Framework Agreement proposed by E3/EU" (date not given).

19　Patrikarakos, *Nuclear Iran*, 2nd ed., op. cit., p. 217.

20　事務局長の報告は、イランが18年間遠心分離によるウラン濃縮計画を実施し、12年間レーザーによる濃縮計画を実施してきたこと、その関連で少量の低濃縮ウランを生産したことを認め、核物質を用いた多数の転換・加工・照射活動を報告しなかったことを認めたとして、イランが長期にわたって多くの保障措置協定上の義務違反を行ってきた（failed … to meet its obligations under its Safeguards Agreement）ことは明らかである、と述べた。IAEA Doc. GOV/2003/75, 10 November 2003, pp. 8-9.

21　IAEA Doc. GOV/2005/77, 24 September 2005（22対1（ベネズエラ）棄権12（ロシア、中国を含む））.

は2月4日、特別理事会において決議を採択し、安保理への報告を行うことを決定した[22]。

これに対してイランは、翌日、今後は包括的保障措置協定のみを履行すること、これまで自発的かつ法的拘束力を持たないものとして行ってきたすべての措置(主として追加議定書の自発的実施を指すものと思われる)を停止することをIAEAに通報し[23]、2月13日には約2年ぶりにウラン濃縮を再開したことがIAEAによって確認されている[24]。こうして、問題は基本的にIAEAから安保理に移されることになり、これ以降は、E3/EUに米中露の安保理三常任理事国を加えた6か国(E3/EU+3またはP5+1)が中心となってイランの核問題に対応することになるのである。

---

22 IAEA Doc. GOV/2006/14, 4 February 2006(27(ロシア、中国を含む)対3(キューバ、シリア、ベネズエラ)棄権5). IAEA理事会が保障措置協定違反を認定した例は、イランを含めて五例あるが(1991年のイラク、1992年のルーマニア、1993年の北朝鮮、2004年のリビア、2005年のイラン)、そのうち安保理へ付託されたのはイラク、北朝鮮、イランの三例である。Ronen, *The Iran Nuclear Issue*, op. cit., p. 19.

23 外務省「イランの核問題(概要及び我が国の立場)」2006年2月7日。

24 『毎日新聞』2006年2月14日。

Ⅲ. 国連安全保障理事会による制裁

1. 規範的措置

イランの核問題は、2006年2月にIAEAから安保理に報告されたが、早くも同年3月29日には安保理議長声明が発出され、イランにおける未申告の核物質・原子力活動の不存在を結論づけることはできないというIAEA事務局長の報告に重大な懸念を示すと共に、イランに対してすべての濃縮関連活動と再処理活動を完全かつ継続的に停止することの重要性を強調した[1]。しかし、議長声明には一般に法的拘束力がないだけでなく、遵守しない場合の対応も示されていなかった。イランはこの議長声明を無視し、4月11日には3.5%の濃縮に成功したと発表した。そこで5月になって英仏両国は、国連憲章第7章に基づく制裁決議案を提示したが、中露両国が反対したため、6月6日、E3/EU+3は、イランに濃縮活動を停止させるために新たな包括的長期取決めの提案を行った[2]。この提案は、前述の2005年8月のE3/EU提案をベースにしつつ、よりイランに配慮した内容を含むものとなっていた[3]。しかし、イランが8月22日

1 UN Doc. S/PRST/2006/15, 29 March 2006.

2 『読売新聞』2006年7月19日。

3 包括的提案は、「長期的な合意の要素」の表題の下、交渉促進のためとして次の諸点を列挙する。① E3/EU+3は、イランの原子力の平和利用の権利を再確認し、イランにおける新たな軽水炉の建設を積極的に支持することを約束し、交渉の再開と共に安保理での討議を停止す

に回答すると応じるなど時間稼ぎをしていると受け止められ、E3/EU+3も制裁決議に向けての安保理の協議再開に合意した[4]。7月15日の北朝鮮ミサイル発射非難決議(決議1695)の全会一致の採択の勢いもあって、2006年7月31日、安保理は、イランの核問題に関する初めての決議となる決議1696[5](英仏独共同提案)を14対1(カタール[6])で採択した。

この決議は、国連憲章第7章の下で、イランに対して「研究および開発を含むすべての濃縮関連活動および再処理活動を停止してIAEAによる検認を受ける」よう「要求(Demands)」した(第2項)。これは、憲章第7章の下の「要求(demand)」であり、法的拘束力のある安保理決議の定型である憲章第7章の下の「決定(decide)」ではない。しかし、決議の前文は、「IAEAの要求する停止を義務的な(mandatory)ものとするため、国際連合憲章第7章第40条の下で行動して」と述べ、これが義務的なものであることを明記している。こうしてイランは、濃縮関連活動と再処理活動を停止することを義務づけられたのである。法的拘束力

ることに同意し、②イランは、未解決の問題の解決のためIAEAと完全に協力することを約束し、すべての濃縮関連活動・再処理活動を停止しIAEAによる検認を受け、交渉期間中のその継続を約束し、追加議定書の実施を再開する。また、「長期的な合意に関する交渉の対象となる将来の協力分野」の表題の下、E3/EU+3がとる措置として、①核分野では、イランの原子力の平和利用の権利の再確認、イランにおける新たな軽水炉の建設の積極的な支持、研究開発協力の提供、イランに対する法的拘束力ある燃料保証の提供、合意の再検討の可能性(すべての未解決問題の解決のIAEAによる確認、イランにおける未申告の原子力活動・核物質の不存在の確認などが条件)が列挙され、②政治・経済分野では、WTOを含む国際枠組みへの完全参加の支持、民間航空協力、長期的エネルギー・パートナーシップの創設、イランの電気通信インフラの近代化支持、ハイテク協力、イランにおける農業開発の支持などが列挙されている。UN Docs. S/2006/521, 13 July 2006; S/RES/1747(2007), 24 March 2007, Annex II. See also Paul Kerr, "Iran Rejects Security Council Demand," *Arms Control Today*, Vol. 36, No. 7 (September 2006), p. 31. 包括的提案に対するイランの反応につき、UN Doc. A/61/514-S/2006/806, 12 October 2006. なお、この包括的提案のイランにとってのメリットをハイライトした提案が、2008年6月14日にE3/EU+3によってイラン政府に提示されている。UN Doc. S/RES/1929(2010), 9 June 2010, Annex IV; Peter Crail, "Iran Nuclear Brief: Charting a Diplomatic Path on the Iran Nuclear Challenge," Arms Control Association, 25 January 2012, p. 5.

4 『読売新聞』2006年7月19日。

5 UN Doc. S/RES/1696(2006), 31 July 2006.

6 カタールは、イランが包括的提案を拒否していない以上、もう少し時間をかけて外交努力をすべきであるという理由で反対した。UN Doc. S/PV.5500, 31 July 2006, pp. 2-3.

のある安保理決議は、憲章第103条を通じて、他の国際協定上の権利（NPT第4条を含む）に優先する義務を課することができるのであり[7]、その結果イランは、NPT上認められた平和利用の権利を部分的に行使できなくなったといえよう。もっとも厳密にいえば、濃縮・再処理を含む原子力の平和利用の権利はNPTが締約国に付与した権利ではなく[8]、慣習法上すべての国が有する権利であり、NPTはそれを確認したにすぎず、決議1696はそうした権利を制限したということになろう。

なお、イランに不作為を義務づける規範的な措置は、2006年12月の決議1737において、濃縮関連活動・再処理活動に加えて重水関連プロジェクトを含む形で拡大され（第2項）、2010年6月の決議1929において、核兵器を運搬可能な弾道ミサイル関連の活動を含む形でさらに拡大されている（第9項）。

2. 経済制裁措置

(a) 決議1696

安保理決議1696は、イランに対して規範的な義務づけを行うと同時に、同国に対してある種の経済制裁を実施している[9]。すなわち、すべての国に対して、

7　国連憲章第103条は、国連憲章上の義務が他の国際協定上の「義務」に優先することのみを規定するが、他の国際協定上の義務にさえ優先するのであれば、他の国際協定上の権利に優先するのは当然といえよう。学説上もそのように考えられているし（see, e.g., Erika de Wet, *The Chapter VII Powers of the United Nations Security Council* (Hart, 2004), p. 183）、国連の実行においても、法的拘束力のある安保理決議との関係でそのような扱いがなされている（see, e.g., UN Doc. S/RES/670(1990), 25 September 1990, para. 3）。

8　実際NPT第4条1項は、「この条約のいかなる規定も……［原子力の平和利用］についてのすべての締約国の奪い得ない権利に影響を及ぼすものと解してはならない」と規定することで、原子力の平和利用が国家の固有の権利であることを認めている。NPT第4条が条約上の権利として締約国に付与したのは、2項に定める原子力資機材の交換にかかる権利である。

9　前稿では、安保理の扱いと異なる扱いをすれば誤解や混乱を招きかねないとして、安保理の扱いに従い、決議1696の第5項のような法的拘束力を有しない措置は憲章第41条の措置（経済制裁）の範疇から外して論じたが、そこでも指摘したように、同種の措置であるにも拘らず法的拘束力の有無によって経済制裁であると評価したりしなかったりするのは合理的ではない（浅田正彦「イランの核問題と国際社会の対応」『法学論叢』第170巻4･5･6号（2012年3月）

イランの濃縮関連活動、再処理活動および弾道ミサイル計画に寄与する可能性のある品目等の移転を監視し、防止するよう「要請(Calls upon)」した(第5項)。

これが経済制裁措置といえるかについては、議論がありうる。決議1696は前文末尾において、国連憲章「第40条[暫定措置の規定]の下で行動して」と述べているし、その第8項で憲章第41条(経済制裁などの非軍事的措置の規定)に基づく措置を将来のこととして規定している(後述)ことからは、同決議によれば、同決議において経済制裁措置は取られていないということになるのかも知れない。しかし、イランに対する一定の品目の移転を防止するようすべての国に「要請」することも、ある種の経済制裁措置にほかならない。

安保理は、同様の内容の措置であっても法的拘束力のある場合とない場合とを区別し、前者のみを憲章第41条に基づく措置(経済制裁)として扱っているようであるが、法的拘束力の有無は当該措置の実施国にとってのみ意味があるに過ぎないことを想起すれば、そうした区別には合理性があるようには思えない。実際、後述のJCPOAにおいても、決議1696はそれ以降の制裁決議と並べて「制裁」のタイトルの下で一括して扱われているのである[10]。さらにいえば、憲章第41条の非軍事的措置を一般に経済制裁と別称することができるとすれば、上記の規範的措置さえ経済制裁の一種ということができるかもしれない。

いずれにせよ上記の措置は、イランの濃縮関連活動、再処理活動および弾道ミサイル計画に「寄与する可能性のある」品目等の移転を防止するよう「要請」したものである。対象品目が特定されることなく、「寄与する可能性のある(could contribute)」という一般的な表現で定められているため、どれだけの実効性(ここでは実際に移転防止の措置が実施されることをいう)があるか、疑問である。しかも、そのような措置が「要請」されているに過ぎないのであって、この一般に法的拘束力のない定式の下では、さらに実効性は期待しがたいといわねばならない。

しかし、だからといってこの規定がおよそ無意味かといえば、そうではな

144-145頁)。

10 UN Doc. S/RES/2231(2015), op. cit., Annex A, para. 18.

い。それどころか、そのような措置をとる意欲のある国にとっては、極めて重要な規定である。それらの国にとっては、この規定があることで、たとえそのような措置をとることによってイランとの間の既存の協定に形式的には違反することになるとしても、その「違法性」は、この規定の存在によって阻却されることになるのであり(もちろん当該品目がイランの濃縮関連活動等に「寄与する可能性」がなければならない)、その法的意味は大きい。法的には、むしろこれこそが、国連の経済制裁決議一般に通底する最も重要な機能であるとさえいえる。

とはいえ、法的拘束力のない制裁措置と比べて法的拘束力のある制裁措置の方が効果的であるのは明らかである。上述のように、決議1696の第8項は、イランに1か月の猶予を与えて、2006年8月31日までに同決議を遵守しない場合には、国連憲章第41条に基づく適切な措置(非軍事的措置)をとる(そのためにはさらなる決定(decisions)が必要であることを強調)意図を表明していた。イランは同決議を遵守しなかったが、安保理が直ちにそうした経済制裁に移ることはなかった。本格的な対イラン制裁決議への作業は、10月14日の対北朝鮮制裁決議(決議1718)の後に本格化したように思える[11]。

(b) 決議1737

イランに対して拘束力ある制裁を課す決議1737[12](英仏独共同提案)は、2006年12月23日に全会一致で採択された。同決議は、「国際連合憲章第7章第41条の下で行動して」、①イランが、研究および開発を含むすべての濃縮関連活動および再処理活動ならびにすべての重水関連プロジェクト(重水研究炉の建設を含む)の作業を停止して、IAEAによる検認を受けることを「決定(Decides)」し(第2項)、②すべての国が、イランの濃縮関連活動、再処理活動、重水関連活動、核兵器運搬システム開発に寄与しうる品目等のイランへの「移転」を防止するために必要な措置をとることなどを「決定」した(第3項、第4項)。

11　See Paul Kerr, "Iran Ignores Deadline; Security Council Split," *Arms Control Today*, Vol. 36, No. 9 (November 2006), p. 34.

12　UN Doc. S/RES/1737(2006), 23 December 2006.

②の品目等については、北朝鮮に制裁を課す決議1718が使用した安保理文書のリスト（各種輸出管理レジームのガイドラインのリスト）を利用している[13]。すなわち、濃縮関連活動、再処理活動および重水関連活動については、核関連の輸出管理レジームであるNSGのガイドラインが利用され、そのパート1の品目（原子力専用品）のほとんどが移転防止措置の対象とされた（第3項(a)(b)）。ただし、ロシアの主張を反映して、軽水炉用の機材と軽水炉用燃料要素に組み込まれた低濃縮ウランは例外とされ（第3項(b)）、これによってロシアによるイランのブシェール軽水炉の完成と同炉への燃料供給が可能となったといわれる[14]。他方、NSGガイドラインのパート2の品目（原子力汎用品）については、当該国が濃縮関連活動、再処理活動、重水関連活動に「寄与するであろう（would contribute）と決定する場合に」イランへの移転を防止する措置をとることが義務づけられるに留まった（第4項(a)）。前述の決議1696第5項の場合と同様の理由から、この措置の実効性（実際に移転防止の措置が実施されること）には疑問があるということになろう。

運搬システムとの関連では、ミサイル技術管理レジーム（MTCR）のガイドラインのリストに定めるほぼすべての品目（カテゴリーIIの品目19 A 3を除く）が対象とされた（第3項(c)）。MTCRのリストの中で唯一除外されたカテゴリーIIの品目19 A 3とは、(i)自動操縦航法能力または直接視認不能距離からの人の操作による管制飛行能力を有し、かつ、(ii)20リットルを超える容量のエアゾール（噴霧）噴射システム／メカニズムを組み込んでいるか組み込むように設計ないし改良された完成無人航空機システムである。これは、主として生物兵器の散布を念頭に置いた規定と考えられるところ[15]、決議1737ではイランの核兵器運搬手段システムの開発に寄与しうる品目等のイランへの移転防止が目的とされていることから（第3項柱書き）、直接関係しないとして除外されたものと考

13　この点の意義について、市川とみ子「大量破壊兵器の不拡散と国連安保理の役割」村瀬信也編『国連安保理の機能変化』（東信堂、2009年）67頁参照。

14　Paul Kerr, "UN Security Council Sanctions Iran," *Arms Control Today*, Vol. 37, No. 1 (January/February 2007), p. 24.

15　浅田正彦「ミサイル関連の輸出管理レジーム」浅田編『輸出管理』83-84頁。

えられる。

③イランからの「調達」については、NSGガイドラインのパート1とパート2の双方のリストに含まれるすべての品目およびMTCRガイドラインのリストに含まれるすべての品目が禁止されることが「決定」された（第7項）。

④個人の出入国に関しては、すべての国に対して、イランの核拡散関連機微活動（上記①で停止を決定した活動）・核兵器運搬システム開発の従事者や支援者の入国・通過を「監視」するよう「要請（Calls upon）」すると共に、そのような従事者・支援者として決議の附属書に掲げられる個人（および追加指定される個人）については、その入国・通過を1737委員会（対イラン制裁の履行監視に当たる安保理の補助機関として決議1737によって設置された委員会[16]）に通報することを「決定」した（第10項）。

⑤資産凍結に関しても、イランの核拡散関連機微活動・核兵器運搬システム開発の従事者や支援者として決議の附属書に掲げられる団体と個人の所有・管理する資金・金融資産・経済資源（以下、まとめて「資産」という）を凍結することを「決定」した（第12項）。

(c) 決議1747

イランは、決議1737の採択後も濃縮活動を続けたため、安保理は2007年3月24日に決議1747[17]（英仏独共同提案）を全会一致で採択して制裁の範囲を拡大し、①すべての国に対して、戦車等の大型通常兵器（国連通常兵器登録制度の対象と同じ品目[18]）のイランへの「移転」を「監視し抑制」するよう「要請」する（第6項）と共に、②すべての国が「あらゆる武器」および関連物資のイランからの「調達」を禁止することを「決定」した（第5項）。

また、③すべての国に対して、イランの核拡散関連機微活動・核兵器運搬シ

16　UN Doc. S/RES/1737(2006), op. cit., para. 18.

17　UN Doc. S/RES/1747(2007), op. cit.

18　戦車のほか、装甲戦闘車両、大口径火砲システム、戦闘用航空機、攻撃ヘリコプター、軍用艦艇、ミサイルまたはミサイルシステムの7種の大型通常兵器である。UN Doc. A/RES/46/36L, 9 December 1991.

ステム開発の従事者や支援者の入国・通過を「監視し抑制」するよう「要請」すると共に、そのような従事者・支援者として決議1737の附属書と本決議の附属書Ⅰに掲げられる個人（および追加指定される個人）については、その入国・通過を1737委員会に通報することを「決定」した（第2項）。さらに、④資産凍結の対象となる団体・個人を拡大することを「決定」する（第4項）と共に、すべての国および国際金融機関に対して、イランへの新規の財政支援等の約束を行わないよう「要請」した（第7項）。

(d) 決議1803

その後もイランは安保理決議に従わずに濃縮活動を続けたのに対して、安保理は2008年3月3日に決議1803[19]（英仏独共同提案）を14対ゼロ棄権1（インドネシア[20]）で採択して、①すべての国がNSGガイドライン・パート2のすべての品目（原子力汎用品。ただし、軽水炉関連の例外あり）およびMTCRガイドラインで例外とされていたカテゴリーⅡの品目19 A 3のイランへの「移転」を防止するために必要な措置をとることを「決定」した（第8項）。

また、②すべての国に対して、自国の法的権限および国内法令に従いかつ国際法に適合する範囲内で、イランに出入国する「イラン航空貨物」および「イラン・イスラム共和国シッピング・ライン」が所有しまたは運航する航空機および船舶が禁輸品目（決議1737、1747および1803による）を輸送している疑いがある場合には、その貨物を空港・海港において「検査」することを「要請」した（第11項）。

さらに、③すべての国がイランの核拡散関連機微活動・核兵器運搬システム開発の従事者・支援者として附属書Ⅱに掲げられる個人（および追加指定される個人）について、その入国・通過を「防止」するために必要な措置をとることを「決定」し（第5項）、④資産凍結の対象となる団体・個人を拡大することも「決定」した（第7項）。

19　UN Doc. S/RES/1803(2008), 3 March 2008.

20　インドネシアの棄権は、イランがIAEAに協力しつつあるときに制裁を強化するのは適当でないということを理由とするものであった。UN Doc. S/PV.5848, 3 March 2008, pp. 11, 12.

(e) 決議1929

イランはその後も濃縮活動を続け、2010年2月11日までに20%までの濃縮に成功した旨を明らかにした[21]。安保理は、2010年6月9日に決議1929[22](米英仏独共同提案)を12対2(ブラジル、トルコ[23])棄権1(レバノン)で採択して、イランに対する制裁措置を一層強化し、①イランが核兵器を運搬可能な「弾道ミサイル」に関連する活動を行わないことを「決定」する(第9項)と共に、②すべての国が戦車等の大型通常兵器および関連物資のイランへの「移転」を防止することを「決定」した(第8項)。

決議1803では一部の貨物に限定されていた検査の制度も拡大され、③すべ

---

21 IAEA Doc. GOV/2010/10, 18 February 2010, para. 12.

22 UN Doc. S/RES/1929(2010), op. cit.

23 ブラジルとトルコは、2010年5月にイランとの間で、イランの1200kgの低濃縮ウラン(LEU)を国外(トルコ)に持ち出し、代わりに20%濃縮ウラン(イランの医療用研究炉の燃料用)をイランに提供するという合意(テヘラン宣言)に達したばかりであり、制裁は効果的でなく、外交的努力を害するとして反対した。UN Doc. S/PV.6335, 9 June 2010, pp. 2-4; "U.N. Approves New Sanctions to Deter Iran," *New York Times*, 9 June 2010. この合意は、2009年10月に「ウィーン・グループ」(米仏露および IAEA)がイランとの間に原則合意していた提案に類似している。後者の提案は、イランのLEU1200kgをロシアに輸出して20%まで濃縮し、その後フランスでイランの研究炉用の燃料に加工するというものであった(同研究炉は20%濃縮ウランで運転されており、その燃料の製造はフランスとアルゼンチンでのみ可能とされる)。しかし、イランが燃料を受け取る100%の保証が必要であるとしてこの提案を拒否したので、エルバラダイ IAEA 事務局長がイランのLEUをトルコに第三者寄託することを提案し、トルコがそれに同意したという経緯がある。しかし、2010年5月のテヘラン宣言には2つの問題点があると指摘される。第1に、イランがこの取決めにも拘らず国内で20%濃縮を継続すると主張している点(そもそもイランに20%の濃縮をさせないというのがウィーン・グループの提案の目的であった)、第2に、イラン国外に持ち出される1200kgのLEUは、2009年10月の時点では、当時のイランのLEUの約75%を当たるものであったが、その後の濃縮活動継続の結果、2010年5月の時点では、その50%ほどに留まる点(残される1200kgのLEUは核兵器一発分に当たるとされる)である。イランはブラジル・トルコの提案にも難色を示していたが、安保理で追加制裁が合意されるのを阻止するために土壇場で同意したと見られており、実際テヘラン宣言への合意は、安保理常任理事国が新たな制裁に関する決議案を非常任理事国(ブラジル・トルコを含む)に提示する前日になされた。Peter Crail, "Brazil, Turkey Broker Fuel Swap with Iran," *Arms Control Today*, Vol. 40, No. 5 (June 2010), pp. 25-27; idem, "Iranian Fuel Swap Still Up for Discussion," *Arms Control Today*, Vol. 40, No. 6 (July/August 2010), pp. 36-37.

ての国に対して、自国の法的権限および国内法令に従いかつ国際法に適合する範囲内で、イランに出入国するすべての貨物で禁輸品目（決議 1737、1747、1803 および 1929 による）を輸送している疑いのあるものについて、領域内（海港・空港を含む）において検査を行うよう「要請」し（第 14 項）、公海上では旗国の同意を得て船舶の検査の要請を行うことができることに「留意」して、すべての国に協力を「要請」し（第 15 項）、検査で発見した禁輸品目を押収しかつ処分することを「決定」した（第 16 項）。

さらに、④入国・通過の「防止」の対象となる個人を拡大することを「決定」し（第 10 項）、⑤資産凍結の対象をイスラム革命防衛隊（IRGC）関連の特定の団体・個人に拡大することを「決定」する（第 12 項）と共に、⑥諸国に対し、イランの核拡散関連機微活動・核兵器運搬システム開発に寄与しうるとの情報がある場合には、イランの銀行が自国領域内で新たな支店やコルレス関係[24]を開設することを禁止し、自国の金融機関がイランにおいて代表事務所や銀行口座を開設することを禁止する措置をとるよう「要請」した（第 23 項、第 24 項）。

(f) まとめ

以上の 5 つの決議によって課されてきた安保理の対イラン制裁は、イランの極めて多様な活動に関係しつつ、次第に拡大・強化されてきた。それらの主要な部分を整理すると、次のようになろう（**表 2** 参照）。

まず、核関連品目に関する措置として、NSG ガイドライン・パート 1 の品目（原子力専用品。ただし、軽水炉関連の例外あり）は、決議 1737 において、そのイランへの「移転」が禁止されると共に、そのイランからの「調達」も禁止された。NSG ガイドライン・パート 2 の品目（原子力汎用品。ただし、軽水炉関連の例外あ

24 外国為替の決済は、外国の銀行に預金口座を開設して、その口座に入出金することによって実施されるが、より具体的には、外国為替業務を行う銀行同士で個別に契約を締結して、清算方法などを取り決めることになる。こうした関係をコルレス関係という。1 つの銀行が外国のすべての銀行に口座を開設することは事実上不可能であるので、外国との送金取引において送金先の銀行が自行のコルレス先ではない場合には、その銀行と取引のあるコルレス銀行に指示して、間接的にその銀行に送金することになる。

表２　対イラン経済制裁措置の変遷

	決議 1737（2006）	決議 1747（2007）	決議 1803（2008）	決議 1929（2010）
NSG Part 1	イランへの移転禁止 [3(a)(b)]			
	イランからの調達禁止 [7]			
NSG Part 2	(イランへの移転禁止) [4(a)]		イランへの移転禁止 [8]	
	イランからの調達禁止 [7]			
MTCR	イランへの移転禁止 (一部除外) [3(c)]		イランへの移転禁止 (全面的) [8]	
	イランからの調達禁止 [7]			
通常兵器				イランへの移転禁止 (大型武器のみ) [8]
		イランからの調達禁止 (すべての武器) [5]		
貨物検査			貨物検査の要請 (特定) [11]	貨物検査の要請 (全面的) [14~16]
渡航禁止	入国・通過の通報 (指定個人) [10]		入国・通過の防止 (指定個人) [5]	
金融制裁	資産凍結 (指定団体・個人) [12]			金融活動の制限の要請 [23, 24]

注：[　] 内の数字はパラグラフを示している。

り）は、決議1803において、そのイランへの「移転」が禁止され、決議1737でそのイランからの「調達」が禁止された。また、ミサイル等関連品目については、MTCRの品目が、決議1737と1803において、そのイランへの「移転」が禁止されると共に、決議1737において、そのイランからの「調達」が禁止された。

通常兵器については、決議1929において、戦車等の大型通常兵器および関連物資のイランへの「移転」が禁止され、決議1747において、すべての武器および関連物資のイランからの「調達」が禁止されている。

これらの禁止品目の輸送の疑いがある場合には、その貨物の検査が「要請」されている。当初、決議1803では、「イラン航空貨物」および「イラン・イスラム共和国シッピング・ライン」の所有・運行する航空機・船舶のみが対象とされていたが、決議1929ではそのような限定は外されてすべての航空機・船舶が対象となり、ただし公海上では旗国の同意が条件とされた。

個人の出入国（渡航禁止）については、当初決議1737において、イランの核拡散関連機微活動・核兵器運搬システム開発の従事者や支援者の入国・通過を「監視」するよう要請され、また附属書に掲げる個人の入国・通過を1737委員会に「通報」することが義務づけられるに留まっていたが、決議1803においては、附属書に掲げる個人の入国・通過を「防止」するために必要な措置をとることが義務づけられるに至っている。

金融制裁については、決議1737において、附属書に掲げる団体・個人の資産の凍結が「決定」されたが、その対象はその後の決議において拡大され、決議1929では、革命防衛隊関連の団体・個人が対象とされるに至った。決議1929はまた、イランの核拡散関連機微活動・核兵器運搬システム開発に寄与しうる場合には、イランの銀行が自国領域内で新たな支店やコルレス関係を開設したり、自国の金融機関がイランで代表事務所や銀行口座を開設したりすることを禁止するよう「要請」している。

上記のうち、貿易関連措置（輸出入の禁止）について見るならば、核関連、ミサイル関連、通常兵器関連のいずれについても、概ね、まずイランからの輸入（調達）が禁止され、その後イランへの輸出（移転）が禁止されているし、また、イランからの輸入については直ちに全面的な禁止が行われるのに対して、イランへの輸出に関しては一部例外を設けたり段階的に禁止されたりしていることが分かる。これは、イランが核兵器およびその運搬手段に関連する品目を入手（輸入）するのを防止するという制裁目的とも関連しているであろうが、それだけではなく、イランに対して武器その他の関連物資や汎用品を輸出したいという、一部の理事国の思惑も反映しているように思える。

最後の二種類の措置（渡航禁止・資産凍結）は、対象となる団体・個人を特定して指定するいわゆるスマート・サンクションの形態をとっている。その対象となる団体・個人の数は新たな決議の採択のたびに増加し、決議1929採択の時点で、75団体・41個人に及んでいる[25]。同じく大量破壊兵器拡散関連の制裁として、同様に渡航禁止・資産凍結が行われている対北朝鮮制裁における指定が、同時期に8団体・5個人にとどまっていた[26]ことを想起すれば、国の経済規模・国際化の相違やとられている措置の内容の若干の相違を勘案した上でもなお、対イラン制裁においては、比較的多くの団体・個人が指定されていたといえるであろう。

25　Security Council Committee Established pursuant to Resolution 1737 (2006), "Individuals and Entities Designated as Subject to the Travel Ban and Assets Freeze pursuant to Resolutions 1737 (2006) of 23 December 2006, 1747 (2007) of 24 March 2007, 1803 (2008) of 3 March 2008 and 1929 (2010) of 9 June 2010," consolidated on 19 August 2010.

26　See "The List Established and Maintained pursuant to Security Council Resolution 1718(2006)," 31 August 2016.

Ⅳ. 包括的共同作業計画（JCPOA）

1. 包括的共同作業計画合意への経緯

以上の国連による経済制裁とは別に、アメリカやEUをはじめとする諸国は、国連の枠外においていわゆる「独自制裁（autonomous sanctions）」を実施してきた。アメリカの場合には、1996/2006年の「イラン制裁法（Iran Sanctions Act）」（ISA）やそれを改正した2010年7月の「包括的イラン制裁・説明責任・出資引揚法[1]（Comprehensive Iran Sanctions, Accountability, and Divestment Act）」（以下、「包括的イラン制裁法」という）、2012年国防授権法などに基づいて独自制裁を実施してきたが、とりわけ強力であったのがその二次制裁である[2]。「二次制裁（secondary sanctions）」とは、アメリカを例にとると、アメリカによる「一次制裁（primary sanctions）」の対象として指定されている企業等（例えばイラン中央銀行）との間に取引を行った第三国

1 Public Law 111-195: Comprehensive Iran Sanctions, Accountability, and Divestment Act of 2010, 1 July 2010. See also Department of State, "Fact Sheet: Comprehensive Iran Sanctions, Accountability, and Divestment Act (CISADA)," 23 May 2011, at https://2009-2017.state.gov/e/eb/esc/iransanctions/docs/160710.htm (accessed on 30 December 2020).

2 Kazuto Suzuki, "Iran: The Role and Effectiveness of UN Sanctions," in Masahiko Asada (ed.), *Economic Sanctions in International Law and Practice* (Routledge, 2020), p. 186.

(非アメリカ)の企業等(例えば日本の企業)に対してアメリカの金融システムへのアクセスを禁止するなどの制裁を加えるというものである[3]。国際通貨であるドルを利用するために必要なアメリカの金融システムへのアクセスが禁止されると、当該企業の取引一般が大きな影響を受けることになるため、結果として多くの企業が一次制裁の対象として指定されている企業等との取引を控えることになる。こうして、二次制裁の効果は多くの国に及ぶのであって、場合によっては事実上国連の義務的制裁に近い効果が期待できるとさえいえるかも知れない。

EUの独自制裁も効果的であった。EUは、アメリカの包括的イラン制裁法制定と同じ2010年7月に理事会決定2010/413/CFSPを採択し、イランの石油・天然ガスの主要部門に対する重要な設備・技術の移転を禁止すると共に、イランの石油・天然ガス部門の企業に対して融資や信用供与を行うことを禁止した[4]。さらに、2012年2月のEU理事会規則267/2012は石油関連の禁輸措置を定め、イランが原産であるかイランから輸出される原油・石油製品・石油化学製品のEUへの輸入を禁止した[5]。同じく2012年にアメリカが2012年国防授権法に基づいて二次制裁がらみで諸国に要求したイラン石油の輸入逓減措置とも相まって、石油関連の制裁はイラン経済に甚大な影響を与えることとなった。イランのGDP成長率は2011年のプラス3%から2012年にはマイナス6.6%へと急落したといわれる[6]。

こうした厳しい経済制裁を背景に、2013年6月に行われたイランの大統領選挙において、経済改革と核問題を含む外交を旗印に選挙戦を戦った穏健派のロウハニが当選した[7]。早くも同年9月の国連総会の折に、政権発足後初

3　二次制裁について、see Dow Jones, "What are Secondary Sanctions?," at https://professional.dowjones.com/risk/glossary/sanctions/secondary-sanctions/ (accessed on 4 January 2021).

4　EU Doc. Council Decision 2010/413/CFSP, 26 July 2010, Arts. 4, 6. See also EU Doc. Council Regulation (EU) No 961/2010, 25 October 2010, Arts. 8, 11.

5　基本的に石油化学製品の禁輸は同年5月から、原油・石油製品の禁輸は同年7月から実施されるものとされた。EU Doc. Council Regulation (EU) No 267/2012, 23 March 2012, Arts. 11-14.

6　Nephew, *The Art of Sanctions*, op. cit., pp. 108-109.

7　Suzanne Maloney, "Why 'Iran Style' Sanctions Worked against Tehran (And Why They Might Not Succeed with Moscow)," Brookings Institution, Middle East Politics and Policy, 21 March 2014, at https://

表 3　イランの核開発と国際社会の対応②（安保理付託～ JCPOA の合意）

年月	事項
2006.07	決議 1696 を採択（濃縮関連活動、再処理活動の停止要求）
2006.12	決議 1737 を採択（濃縮関連活動、再処理活動、重水プロジェクトの停止決定）
2007.03	決議 1747 を採択（制裁強化）
2008.03	決議 1803 を採択（制裁強化）
2010.06	決議 1929 を採択（制裁強化）
2010.07	アメリカ、包括的イラン制裁法（CISADA）
2012.05/07	EU、対イラン石油関連禁輸実施
2013.08	イラン、ロウハニ大統領就任
2013.11	共同作業計画（JPOA）合意
2015.07	包括的共同作業計画（JCPOA）合意

の E3+3 との閣僚級協議が開催され、同年 11 月 24 日にはイランおよび E3+3 の外相とコーディネーターとして EU 外務安全保障政策上級代表が参加したジュネーブ協議において、第 1 段階の措置として「共同作業計画(Joint Plan of Action)[8]」(JPOA) と題する合意が成立した[9]。JPOA によりイランは、既存の 20% 濃縮ウランの半分を 5% まで希釈すること、ウランの濃縮は 5% 以下とすること、遠心分離機の数を凍結すること、アラク重水炉に主要機器や燃料・重水を搬入せず、再処理活動に従事しないことなどを約束した。これと引き換えに E3/EU+3 は、石油関連の禁輸措置を含む制裁の緩和や、核関連の新たな制裁を実施しないことなどを約束した。

JPOA の履行と併行して、最終的な合意を目指した交渉が開始され、何度か交渉期限を延期しながら交渉を継続した結果[10]、2015 年 7 月 14 日にイランと

---

www.brookings.edu/blog/markaz/2014/03/21/why-iran-style-sanctions-worked-against-tehran-and-why-they-might-not-succeed-with-moscow/ (accessed on 12 August 2020); Nephew, *The Art of Sanctions*, op. cit., p. 113.

8　Joint Plan of Action, 24 November 2013. See also Kelsey Davenport, Daryl G. Kimball and Greg Thielmann, *Solving the Iranian Nuclear Puzzle: The Joint Comprehensive Plan of Action*, 4th ed. (Arms Control Association, August 2015), pp. 10-12; Kelsey Davenport, "Implementation of the Joint Plan of Action at a Glance," Arms Control Association, November 2020, at https://www.armscontrol.org/Implementation-of-the-Joint-Plan-of-Action-At-A-Glance (accessed on 24 January 2021).

9　外務省「イラン・イスラム共和国：基礎データ」at https://www.mofa.go.jp/mofaj/area/iran/data.html (accessed on 30 December 2020).

10　"Iran Nuclear Framework Agreement Reached; Congress Seeks to Influence Negotiation," *American*

E3/EU+3との間で、イランの核問題を包括的かつ長期に亙って適切に解決するものとして[11]、「包括的共同作業計画(Joint Comprehensive Plan of Action)」(JCPOA)が最終合意されるに至った[12]。

2. 包括的共同作業計画の法的性格

JCPOAは極めて大部の文書である。その原本はJCPOA本体が18頁、5部からなる附属書が141頁で、総計159頁にも及ぶ(これは原本の数字であり、安保理文書では90頁[13])。その全体構造を示せば次のようである。JCPOA本体は、序文(Preface)、前文および一般規定(Preamble and General Provisions)に続いて、本文37項が、核(A濃縮、濃縮研究開発、貯蔵、Bアラク、重水、再処理、C透明性および信頼醸成措置)、制裁、履行計画、紛争解決メカニズムに分けて規定されている。以上の本文に続いて附属書I(核関連措置)、附属書II(制裁関連の約束)、附属書III(民生用原子力協力)、附属書IV(合同委員会)、附属書V(履行計画)という5つの附属書が添付されて、本文の規定に係る詳細が定められている(**表4**参照)。

(a) 法的性格否定説

JCPOAに関してまず明らかにしておくべきは、その法的性格である。この点は重要である。それ自体、JCPOAの定める義務が法的な性格の義務であるのか、それとも政治的な性格の義務に過ぎないのかという大きな相違につながるだけでなく、後述するように、2018年5月にアメリカがJCPOAから一方的に脱退したことの評価やその責任追及の可能性、さらにはその後のイランによる約束違反の評価、対抗措置の適用可能性など、様々な問題がかかわってくるからである。

Journal of International Law, Vol. 109, No. 2 (April 2015), p. 408.

11 See UN Doc. S/RES/2231(2015), op. cit., pre. para. 4.

12 制裁を含む圧力によってJCPOAの合意が可能となったとする、国家による発言として、see, e.g., UN Doc. S/PV.7488, op. cit., p. 11(Lithuania).

13 UN Doc. S/2015/544, op. cit.

表4　決議 2231（JCPOA を含む）の構造

決議前文	（全 14 項）	
決議本文	（全 30 項）	
附属書 A（JCPOA）	序文	
	前文および一般規定（全 16 項）	
	本文（全 37 項）	・核 A 濃縮、濃縮研究開発、貯蔵 B アラク、重水、再処理 C 透明性および信頼醸成措置 ・制裁 ・履行計画 ・紛争解決メカニズム
	附属書Ⅰ（全 82 項）	核関連措置
	附属書Ⅱ（全 7 項＋添付リスト 4）	制裁関連の約束
	附属書Ⅲ（全 16 項）	民生用原子力協力
	附属書Ⅳ（全 7 項）	合同委員会
	附属書Ⅴ（全 26 項）	履行計画
附属書 B（声明）	（全 7 項）	

しかし、JCPOA の法的性格自体については、比較的容易に結論を示すことができるように思える。JCPOA の「前文および一般規定」の直後に次のような文言があるからである。すなわち、「イランと E3/EU+3 は、この JCPOA およびその附属書に詳述されている時間枠内において以下のような自発的措置をとる(will take the following voluntary measures)」と定めている。また、文書全体として、条約において義務づけの際に用いられる「shall」ではなく、「will」という助動詞が使用されている点も[14]、JCPOA が法的拘束力のない文書であることを示している。さらに、アメリカでは JCPOA の交渉過程においてすでに最終的な文書の法的性格が議論されており、国務省報道官がその政治的な性格を繰り返し確認しているし[15]、イランとの JCPOA 交渉において中心的な役割を果たしたアメ

14　法的拘束力がないことを示すために「will」を使用するという実行の典型は、欧州安全保障協力会議／機構（CSCE/OSCE）関連の文書に見られる。

15　"Iran Nuclear Framework Agreement Reached; Congress Seeks to Influence Negotiation," op. cit., p. 411; "P5+1 and Iran Reach Agreement on Iranian Nuclear Program; Obama Administration Seeks Congressional Approval," *American Journal of International Law*, Vol. 109, No. 3 (July 2015), pp. 654-655.

リカのケリー国務長官も、上院外交委員会の公聴会において、「我々は当初の段階から、法的拘束力のある計画を交渉しているのではないことを明らかにしてきた」と述べている[16]。いずれも、JCPOA が法的な性格を有しない文書であることを示しているといえよう。なお、文書の法的拘束力には直結しないものの、この文書には署名がされていない。

この合意は、イランの核開発という 20 年近くにわたって国際安全保障上の重大な課題であり続けてきた問題に一応の終止符を打とうとしたものであり、かつ後に見るように、内容的にも極めて重要な権利義務関係を定めているものであるから、法的拘束力を有する文書として作成されてしかるべきものであったともいえる。しかし、そうはならなかった。それには理由がある。第 1 に、JCPOA の内容は政治的にも極めて機微であるため、（否決を恐れて）議会の承認を必要とする条約の形をとりたくなかったという事情である。この点は、特に安全保障上の利害が直接に関係するアメリカにおいて顕著であった。第 2 に、JCPOA のような広範で詳細な内容を持つ文書を条約の形で合意するのはそもそも不可能であったとも指摘される[17]。

これらのうち、より重要なのが前者であるのは明らかである。もちろん広範な内容を扱い、詳細な規定を含む文書を条約の形で合意するのが容易でないというのは事実であろう。しかし、だからといってそうした文書を条約として合意するのが不可能という訳ではない。この点は、同じく軍縮不拡散分野の条約である化学兵器禁止条約が JCPOA の二倍の分量を含むことを想起すれば明らかである[18]。しかし、第 1 の理由はより本質的である。アメリカの場合、条約の締結には憲法上、上院の 3 分の 2 による助言と承認が必要であるが[19]、共和党優位の当時の上院の構成を考えると、民主党のオバマ政権が条約の形で合

16 Ibid., p. 654.

17 Joyner, *Iran's Nuclear Program and International Law,* op. cit., pp. 228-229.

18 化学兵器禁止条約は、安保理文書と同様の体裁の軍縮会議文書で 176 頁ある。CD Doc. CD/1170, 26 August 1992, Appendix.

19 アメリカ合衆国憲法第 2 条 2 節 2 項参照。

意した場合に、上院の承認を得られる保証はなかったからである[20]。アメリカの政府関係者も、JCPOA が議会の承認を必要とする文書ではないことを当時、繰り返し強調していた[21]。

国連安保理は、JCPOA の合意の 6 日後の 2015 年 7 月 20 日に決議 2231 を全会一致で採択した[22]。この決議は JCPOA 自体が予定し、その「発効（come into effect）[23]」のために選択的に必要としていた（後述）ものである[24]。決議 2231 は、JCPOA を「承認（Endorses）」し、すべての加盟国、地域的機関および国際機関に対して「JCPOA の履行を支持するために適当な行動をとるよう要請（Calls upon）」しているが[25]、これによって JCPOA が全体として法的拘束力を有する文書になった訳ではない[26]。JCPOA の定める措置の一部（国連制裁に関する部分）については、この決議によって法的義務づけがなされた（後述）のであるから、文書全体を法的なものとすることも技術的には可能であったが[27]、そうはされなかった。逆に、決議 2231 において JCPOA の一部についてのみ法的な性格を与えることが定められたということは、同決議において JCPOA を全体として法的拘束力あるものとはしないという意図がそこに含まれていると考えることができるであろう。

---

20 当時の上院は民主党（会派を含む）46 人、共和党 54 人という構成であった。

21 "P5+1 and Iran Reach Agreement on Iranian Nuclear Program; Obama Administration Seeks Congressional Approval," op. cit., pp. 654-655.

22 UN Doc. S/PV.7488, op. cit., p. 2.

23 「発効（come into effect）」という英語表現は、法的拘束力のない文書において使用されることの多い表現である。Anthony Aust, *Modern Treaty Law and Practice*, 3rd ed. (Cambridge U.P., 2013), p. 31.

24 JCPOA, para. 34.ii; JCPOA, Annex V, para. 6.

25 UN Doc. S/RES/2231(2015), op. cit., paras. 1, 2.

26 安保理決議が、非拘束的な文書を「承認（endorse）」し、および／または、そのような文書を添付しながら、それらに法的拘束力を与えてはこなかった例は多数ある。See UN Doc. S/2020/822, 24 August 2020, p. 5, n. 6.

27 例えばシリアの化学兵器の廃棄に関する安保理決議 2118 は、前文で安保理の「決定」の法的拘束力を定める国連憲章第 25 条を強調した上で、シリアによる化学兵器禁止機関（OPCW）執行理事会の決定（それ自体は法的拘束力を持たない）のすべての側面の遵守を「決定（Decides）」することで、それに法的拘束力を付与した。UN Doc. S/RES/2118(2013), 27 September 2013, para. 6. 阿部達也「シリアの化学兵器廃棄」『法学教室』第 402 号（2014 年 3 月）83 頁、浅田正彦「化学兵器使用禁止規範の歴史的展開とシリア内戦―国際法の視点から―」『日本軍縮学会ニュースレター』第 16 号（2014 年 3 月 20 日）7 頁。

こうしてJCPOAは、決議2231によっても法的拘束力ある文書とはされなかったのであり、まずは非法的な文書を作成し、それを法的拘束力ある安保理決議を利用して全体として「法化」するというプロセスは辿らなかった。もちろんそうすることに、国際法の観点から問題がある訳ではないし、正当性の観点からも、条約を迂回して安保理決議で国家一般に義務づけを行う、安保理による「国際立法」の場合ほどの問題はなかろう[28]。JCPOAにおけるイランの核関連活動への制限は、安保理によるそれまでの対イラン制裁に近い趣があることからもそのようにいえる。

他方、上記のようなプロセスを辿ることは、関係国の国内における条約締結過程の「民主的統制」の観点からは問題があろう。それは、先に述べた、JCPOAを条約の形では作成しなかった理由とも直結する。JCPOAを政治的文書として作成して条約としての議会の承認問題を回避し、しかる後に安保理決議を利用してそれに条約と同様の法的拘束力を付与するということになれば、議会承認のプロセスの迂回として問題となり得る[29]。

なお、JCPOAにおける国連制裁の終了と復活などの部分については決議2231において法的拘束力が与えられたが、それは、法的拘束力のある国連制裁の終了からして法的拘束力ある安保理決議が必要であったことに加えて、終了させた国連制裁を復活させるためにも法的拘束力ある安保理決議が必要だったのであり、いわば必然であった。

---

28 こうした国際立法の問題点につき、浅田正彦「安保理決議1540と国際立法―大量破壊兵器テロの新しい脅威をめぐって―」『国際問題』第547号（2005年10月）53-55頁参照。

29 アメリカでは、上院による否決のため未発効の包括的核実験禁止条約（CTBT）との関係で、政府が法的拘束力のある安保理決議を利用して、核実験禁止を義務づける可能性を模索したことがあるが、条約締結にかかる議会の権限を無視するものであるとの批判もあり、断念した経緯がある。浅田正彦「条約法条約第18条に定める義務の不確実性―CTBTとの関係を素材に―」芹田健太郎ほか編『実証の国際法学の継承（安藤仁介先生追悼）』（信山社、2019年）651頁注53参照。Josh Rogin, "Obama Will Bypass Congress, Seek U.N. Resolution on Nuclear Testing," *Washington Post*, 5 August 2016, at https://www.washingtonpost.com/news/josh-rogin/wp/2016/08/04/obama-will-bypass-congress-seek-u-n-resolution-on-nuclear-testing/ (accessed on 31 January 2021).

(b) 法的性格肯定説

他方で、JCPOAの法的性格を肯定する主張もある。その主張には、安保理決議2231に依拠するものと、そうでないものとがある。前者の代表的なものがロシアの主張である。ロシアは、安保理決議2231とJCPOAの法的性格との関係について、①安保理決議2231の前文で国連憲章第25条（安保理の決定の拘束力を規定）が言及されていること、②同決議でJCPOAが無条件で承認されていること、③JCPOAが同決議に（附属書Aとして）添付されていることの3点を挙げて、それらの累積的効果として、JCPOAは（その以前における法的性格の問題を害することなく）「法的拘束力を有する」ものとなった、と主張する[30]。

しかし、この主張は疑わしい。①は決議2231の別の規定（第7項～第9項、第11項、第12項などにおける「決定」）との関係で規定されたものと考えられるし、②無条件であれ何であれ、「承認（endorse）」にそのような効果はない。また安保理には、③決議に添付されただけで法的拘束力を生ずるという規則も慣行もない。添付のみで法的拘束力が生ずるということであれば、決議2231に附属書Bとして添付された「声明」にも全体として法的拘束力があるということになるが、そうすると、附属書Bの全部ではなく（ほとんどではあるが）一部にのみ法的拘束力を付与することを意図した同決議第7項(b)と矛盾することになるであろう[31]。こうしてみてくると、ロシアの掲げるいずれの理由もJCPOAが法的性格を有するに至ったとの結論には結びつかないといわざるを得ないし、たとえそれら3つの要素を累積しても、決議2231によってJCPOAが全体として法的拘束力ある文書となったということにはならないように思える。

なお、上記のように、安保理決議2231には、附属書AとしてJCPOAが添付

---

30 UN Doc. S/2020/816, 20 August 2020, p. 3. See also UN Doc. S/2020/451, 28 May 2020, p. 2. なお、制裁復活に関するイランのICJ提訴事件の暫定措置命令において、モムタス特任裁判官がその宣言において類似の主張を行っていた。*Alleged Violations of the 1955 Treaty of Amity, Economic Relations, and Consular Rights* (*Islamic Republic of Iran v. United States of America*), Provisional Measures, Order, *ICJ Reports 2018*, pp. 685-688.

31 同項では、附属書Bの第1項、第2項、第4項、第5項、第6項について、すべての国による遵守を「決定（Decides）」する一方、第3項（弾道ミサイル関連活動）と第7項（イラン貨物の検査）については、その遵守を「要請（called upon）」するに留まっている。

されているほか、それとは別に附属書Bとして「声明(Statement)」と題する文書が添付されている[32]。後者は、E3/EU+3が発出した声明であり、「透明性を改善し、JCPOAの完全な履行に資する雰囲気を醸成するため」の文書とされるが、JCPOAとは異なりイランとの合意文書ではない。またそこには、E3/EU+3の「JCPOAへの参加」は、①対イラン制裁決議の終了、②本声明の規定の遵守の要求、③JCPOAの設置する合同委員会と協力したJCPOAの履行の促進、の3つを定める新安保理決議の採択を条件とする(contingent on)ことが明記されている[33]。そこにいう新決議が決議2231である。この声明には、JCPOAの内容についての明確化やJCPOAにない措置(例えば、核兵器運搬能力を有する弾道ミサイル活動を8年間行わないようイランに要請、JCPOAの完全な履行を促進するためイランを仕出地・仕向地とするすべての貨物の検査を自国の領域内で実施するようすべての国に要請)も含まれており、かつ、そのほとんどの規定は決議2231によって法的拘束力が付与されている(上記括弧内の2つの要請にだけ法的拘束力が付与されていない)[34]。

イランも、ロシアに近い立場をとっているようである。イランの国連大使が『ガーディアン』紙に寄稿した記事において、「米国のJCPOAからの脱退と制裁の復活は国連憲章に基づく法的義務の重大な違反である」と主張しているからである[35]。これは、決議2231がすべての加盟国に対してJCPOAの履行を支持するよう「要請」していることなどに言及した後に述べられていることからも、アメリカの行動が安保理決議に違反しており、したがって国連憲章違反であるという主張のようである[36]。しかしこの主張が、決議2231における「要請(Calls upon)」に法的義務づけの効果を与えているとすれば、安保理の実行にか

32　この声明も別途、安保理文書となっている。UN Doc. S/2015/545, 16 July 2015.

33　UN Doc. S/RES/2231(2015), op. cit., Annex B.

34　UN Doc. S/RES/2231(2015), op. cit., para. 7(b).

35　Gholamali Khoshroo (Iran's Ambassador to the UN), "Trump's Sanctions against Iran are a Clear Breach of International Law," *Guardian*, 8 August 2018, at https://www.theguardian.com/commentisfree/2018/aug/08/donald-trump-sanctions-iran-international-law (accessed on 6 April 2021).

36　See also UN Docs. S/2020/814, 20 December 2020, p. 2; S/2020/1000, 12 October 2020, pp. 1-2.

かる一般的な理解とは一致しないといわなければならない[37]。

学説上もJCPOAの法的性格を肯定するものがある。例えばウェラー教授は、この政治的約束は信義誠実と禁反言の原則によって法的性質(legal quality)を獲得したと主張しうる(イランはアメリカの約束を信頼したため、その違反によって不利益を被った)とする[38]。禁反言の原則とは、英米法に起源を有する原則であって、「何らかの行為によってある事実の存在を表示した者に対し、それを信じて自己の利害関係を変更した者を保護するため、表示した事実に反する主張を禁止する」という原則である[39]。ウェラー教授の主張は、アメリカの約束を信じてイランは核関連活動の制限を受け入れ、その結果損害を被ったのであるから、禁反言の原則によってアメリカはJCPOAの約束を否定することはできず、その約束は法的な約束となったということのようである。

しかし、禁反言の原則[40]の安易な適用は、関係国が法的な義務とすることを意図していなかった約束(例えばJCPOA)を、その意に反して「法的」な義務とする結果につながりかねないし、さらにはその当事者が主観的には法的な義務とは考えていないことから、結果として「法的」な義務の軽視にもつながりかね

---

37 See, e.g., Vera Gowlland-Debbas, *Collective Responses to Illegal Acts in International Law: United Nations Action in the Question of Southern Rhodesia* (Martinus Nijhoff, 1990), p. 394; Nico Krisch, "Introduction to Chapter VII: The General Framework," in Bruno Simma, Daniel-Erasmus Khan, Georg Nolte and Andreas Paulus (eds.), *The Charter of the United Nations: A Commentary*, 3rd ed. (Oxford U.P., 2012), p. 1265.

38 Marc Weller, "The Controversy about the Iranian Nuclear Sanctions Snapback," *ASIL Insights*, Vol. 24, Issue 27 (19 October 2020), https://www.asil.org/insights/volume/24/issue/27/controversy-about-iranian-nuclear-sanctions-snapback (accessed on 31 December 2020). ウェラー教授は、①禁反言の原則のほか、②JCPOAが決議2231に添付されてその一部となっている（少なくとも解釈における文脈を構成する）こと、③決議の制裁に関する規定は国連憲章第41条に従って採択されているので、制裁に関する規定はJCPOAからの脱退後もアメリカを拘束することに言及し、さらに④JCPOAは独自制裁を復活させない明示的な義務を含んでいることに触れた後、決議は国連憲章第25条に明示的に言及しているとする。関連する事実と自己の主張が必ずしも整理されないままに列挙されており、論理の流れが不明確であるが、ロシアの主張と類似の主張を多く含んでおり、それらについては同様の批判が当てはまるであろう。

39 田中英夫編集代表『英米法辞典』（東京大学出版会、1991年）310頁。

40 国際法における禁反言の原則について、櫻井大三「国際法における禁反言の概念」『国際法外交雑誌』第116巻3号（2017年11月）1-33頁、若狭彰室「国際法における禁反言法理の正当化原理」『世界法年報』第39号（2020年3月）116-145頁参照。

ないなどの問題をはらんでおり、慎重であるべきである[41]。もちろん、明らかに法的な義務が存在するという場合には、禁反言を援用するまでもないことから、禁反言が固有の機能を果たすのは、法的な義務の存否が不明確な場合やそれが否定されうる場合(フィッツモーリス)ということになろうが[42]、とりわけ法的な義務を引き受ける意思が当事者にないことが明らかである場合(例えば本件)には、それを法的な義務に転化させるために禁反言に依拠することは認められないといわなければならない。

実際、禁反言の実体的権利創設効果を認めたといわれる2015年のチャゴス仲裁判断でさえ、「たとえ国が明確な不利益を被った場合であっても、あらゆる信頼(reliance)が禁反言の根拠とするのに十分であるという訳ではない。非拘束的であることが明らかな合意(expressly non-binding agreement)を信頼することで不利益を被った国が、禁反言によって拘束力のある約束を達成することはできない」と述べて[43]、この点を確認している。

ソサイ准教授は、後述するアメリカのJCPOA脱退後にEUのモゲリーニ外務安全保障政策上級代表が、「[イラン]核合意は二国間合意/協定(bilateral agreement)ではなく、いずれの一国の手によってもそれを一方的に終了することはできない[44]」と述べたことなどに言及しつつ、JCPOAは多数国間条約であることを示唆する[45]。しかし後述するように、アメリカ自身も「参加の終了」、

41 これまでもICJをはじめとする国際裁判所は、禁反言の原則の適用に厳格な要件を課してきている。Thomas Cottier and Jörg Paul Müller, "Estoppel," in Rüdiger Wolfrum (ed.), *Max Planck Encyclopedia of Public International Law*, Vol. III (Oxford U.P., 2012), pp. 673-674. 最近の例として、*Obligation to Negotiate Access to the Pacific Ocean (Bolivia v. Chile)*, Judgment, *ICJ Reports 2018*, pp. 558-559, para. 159; *Chagos Marine Protected Area Arbitration*, PCA Case No. 2011-03, Award, 2015, para. 438.

42 See *Temple of Preah Vihear (Cambodia v. Thailand)*, Separate Opinion of Sir Gerald Fitzmaurice, *ICJ Reports 1962*, p. 63; *Chagos Marine Protected Area Arbitration*, op. cit., para. 446.

43 Ibid., para. 445. チャゴス仲裁判断は、この点を禁反言の援用が「正当(legitimate)」であるか否かの問題であるとする。Ibid., para. 445.

44 "Remarks by High Representative/Vice-President Federica Mogherini on the Statement by US President Trump regarding the Iran Nuclear Deal (JCPOA)," 8 May 2018, at https://eeas.europa.eu/headquarters/headquarters-homepage/44238/node/44238_bs (accessed on 6 April 2021).

45 Mirko Sossai, " 'The Dynamic of Action and Reaction' and the Implementation of the Iran Nuclear Deal," *Questions of International Law*, 29 February 2020, at http://www.qil-qdi.org/the-dynamic-of-action-and-

「脱退」といった用語を使用しているのであって[46]、JCPOAが二国間の合意ないし協定であるとは想定していない。イランも他のE3+3諸国も同様であろう。モゲリーニ上級代表は、上記の主張において、アメリカが脱退すれば事実上JCPOAは終了したも同然となるということを述べたかったのであって、そこにJCPOAが法的な性格を有するという主張を見出すのは困難である。実際、モゲリーニは、上記の発言に関連して、安保理決議2231が全会一致でJCPOAを承認したことに言及するのみであり、核合意が12年間の外交の成果であり、国際社会全体に帰属すると強調するのみである。

以上のように見てくると、JCPOAは当初も、そしてその後の段階においても、法的性格を有するものと考えることはできないということになろう。

3. 包括的共同作業計画の内容

(a) 概 要

包括的共同作業計画の内容は、いくつかの要素に分けて考えることができる。それらは、(i)イランの核関連活動の制限、(ii)イランの義務履行の監視、(iii)国連制裁および独自制裁の解除、(iv)紛争解決メカニズム、ならびに(v)国連制裁の復活手続である。それぞれについて敷衍して述べるならば、以下のようになる(**表4**および**表5**参照)。なお、(v)では、安保理決議2231の関連規定についても詳細に論ずる。

reaction-and-the-implementation-of-the-iran-nuclear-deal/ (accessed on 4 April 2021).

46 "Ceasing U.S. Participation in the JCPOA and Taking Additional Action to Counter Iran's Malign Influence and Deny Iran All Paths to a Nuclear Weapon," 8 May 2020, at https://www.whitehouse.gov/presidential-actions/ceasing-u-s-participation-jcpoa-taking-additional-action-counter-irans-malign-influence-deny-iran-paths-nuclear-weapon/ (accessed on 29 December 2020); Donald J. Trump, "Remarks on the Joint Comprehensive Plan of Action to Prevent Iran from Obtaining a Nuclear Weapon and an Exchange with Reporters," 8 May 2018, at https://www.govinfo.gov/content/pkg/DCPD-201800310/pdf/DCPD-201800310.pdf (accessed on 29 December 2020).

表5　JCPOAの概要

	内　容	期間 *
ウラン濃縮	・濃縮度の上限：3.67% ・濃縮ウラン貯蔵量の上限：300kg（202.8kg）** ・濃縮はナタンズのみ（フォルドウの地下施設は不可）	15年
	・遠心分離機の設置の上限：6104基 ・遠心分離機の稼働の上限：5060基	10年
再処理	・アラクの重水炉の改造と使用済燃料の国外搬出	無期限
	・追加の重水炉建設不可	15年
	・すべての使用済燃料の国外搬出	無期限
	・再処理の放棄	15年（無期限）
検証	・追加議定書の暫定的適用	発効まで
	・JCPOA違反疑惑に24日以内のアクセス提供	15年
紛争解決	・合同委員会による紛争解決 ・未解決かつ重大な不履行の場合の安保理通報	25年＋
制裁解除	・国連制裁 ***、米国制裁、EU制裁の解除	復活まで
	・安保理通報後、国連制裁解除継続の決議案を表決 ・決議案が提出されない場合、安保理議長が提出 ・制裁解除継続の決議案の否決で国連制裁復活	10年 ****

*　基本的に履行日（2016.1.16）に開始。
**　六フッ化ウランで300kg、ウランにして202.8kgに相当。
***　武器禁輸は採択日（2015.10.18）から5年後に解除。
****　採択日から10年。E3/EU+3は制裁復活の制度を5年間延長する意図あり。

(i) イランの核関連活動の制限（JCPOA第1項～第12項、第17項、附属書I、IV）

まずイランによる核関連の活動については、大原則として、JCPOAの前文および一般規定において、「イランはいかなる場合にも決していかなる核兵器も追求せず、開発せず、取得しないことを再確認する[47]」と明記されており、この点は決議2231の前文においても「歓迎」されている[48]。併せてJCPOAの本文において、「イランは、研究開発のレベルにおいても、ウランまたはプルトニウムの冶金活動を含め核爆発装置の開発に寄与しうる活動に従事しない[49]」

47　JCPOA, Preamble and General Provisions, para. iii.
48　UN Doc. S/RES/2231(2015), op. cit., pre. para. 5.
49　JCPOA, para. 16.

ことが約束されている。その上で、個々の活動について、以下のように具体的な制限が設けられている。

イランの核関連活動の制限については、いくつかの観点から整理することができる。前述のように、核兵器開発には濃縮ウランの利用と使用済燃料の再処理によるプルトニウムの利用とがありうるが、JCPOAではウラン濃縮に関して、イランによるウラン濃縮の濃縮度の上限はウラン235の濃度にして(以下同様)3.67%とされ、その貯蔵量も六フッ化ウランにして最大300kg(ウラン換算で202.8kg[50])とされ(以下、300kgという場合は六フッ化ウラン換算、202.8kgという場合はウラン換算である)、この制限は15年間維持される[51]。

ウラン濃縮に使用される遠心分離機についても、旧式遠心分離機を10年間で縮小していくが、この間、その設置総数は5060基までに制限し、ナタンズに設置されるものとされた[52]。地下施設であるフォルドウの施設は核物理科学技術センターに改変され、旧式遠心分離機1044基が残されるが、そこでは15年間ウラン濃縮もウラン濃縮関連研究開発も行われない[53]。したがって遠心分離機の「設置」は総計6104基までとなるが、実際にウラン濃縮用に「稼働」することが認められるのはナタンズにおける5060基までということになる。これは当時イランにおいて稼働していた約1万基の遠心分離機が半減することを意味する[54]。余剰の遠心分離機は、IAEAの継続監視の下でナタンズにおいて保管される[55]。

遠心分離機の研究開発も制限され、ナタンズにおいてのみ認められるだけでなく、その時期、種類、態様、総数などにおいて様々な制限が課されている[56]。

プルトニウム利用の核兵器開発との関係では、まず兵器用プルトニウムの生

50 See, e.g., IAEA Doc. GOV/2017/48, 13 November 2017, para. 12.

51 JCPOA, para. 7.

52 JCPOA, para. 2.

53 JCPOA, para. 6; JCPOA, Annex I, paras. 45-46.

54 2015年7月時点におけるイランの遠心分離機の設置・稼働の内訳につき、see Davenport, Kimball and Thielmann, *Solving the Iranian Nuclear Puzzle*, op. cit., p. 7.

55 JCPOA, para. 2; JCPOA, Annex I, paras. 47-48.

56 JCPOA, paras. 3-5, JCPOA, Annex I, paras. 32-43.

産に適した原子炉であるアラクの重水炉[57]について、兵器級のプルトニウムを生産せず、医療・工業用の放射性同位体を生産するように新たな設計された近代的重水炉（3.67%のウラン燃料使用）に改造し、そのすべての使用済燃料を将来にわたり国外搬出することとされた[58]。使用済燃料の国外搬出については、イランは、将来のものを含めすべての原子炉（動力炉および研究炉）の使用済燃料を国外に搬出する意図を表明している[59]。したがって、使用済燃料の再処理によってプルトニウムが抽出されることもないということになろう。またイランは、国際的な「軽水炉」依存の傾向に合わせると共に、15年間は追加の重水炉を建設しないものとされた[60]。

さらに、再処理一般についても、イランは使用済燃料の再処理（研究開発を含む）を15年間行わず、その後も行う意図を有しない（For 15 years Iran will not, and does not intend to thereafter, engage in any spent fuel reprocessing）し、再処理能力を有する施設の開発や建設についても同様である、としている[61]。したがってイランは、事実上、無期限に再処理をしないことを約束したことになる[62]。

なお、重水炉に関連してイランは、15年間にわたり、アラクの新重水炉等において必要とされる量（新重水炉の試運転（commissioning）前の段階において130トンとされる）を超える余剰の重水を国外輸出の対象とすることも約束した[63]。

イランの核関連活動は制限されているが、全面的に禁止される訳ではない。核関連資機材の調達も完全には禁止されていない。もちろん自由である訳でもない。JCPOA附属書Ⅳによれば、NSGのガイドラインに掲げる資機材など

57　重水炉は、重水を減速材に使用することで天然ウランを燃料として使用でき、その使用済燃料には核分裂性のプルトニウムの生成割合が高く、再処理により分離回収したプルトニウムは兵器級といわれる。

58　JCPOA, para. 8; JCPOA, Annex I, para, 11.

59　JCPOA, para. 11; JCPOA, Annex I, para. 17.

60　JCPOA, paras. 9-10.

61　JCPOA, para. 12; JCPOA, Annex I, paras. 18-20.

62　ただし、医療および産業用の放射性同位体の生産は例外的に認められる。JCPOA, para. 12. 医療用の放射性同位体としては、高濃縮ウランの照射（ウラン235の核分裂）によって生成されるモリブデン99がその代表例である。

63　JCPOA, Annex I, para. 14.

のイランへの移転については、JCPOAに定める条件に従って合同委員会（調達作業部会）が検討して決定するものとされる[64]。JCPOAの設置する「合同委員会（Joint Commission）」は、JCPOA参加のE3/EU+3とイランで構成され、本件にかかる決定は、EUを除くコンセンサスで行われる[65]。さらに、その決定は安保理に伝達され、安保理の承認（5日以内に拒否しない限り承認したものとみなされる[66]）がなければ移転は認められない[67]。この手続は、採択日（2015年10月18日＝後述）から10年後の日まで適用される[68]。

ⅱ イランの義務履行の監視（JCPOA第13項、第15項、附属書Ⅰ第Q節）

イランはNPT当事国として包括的保障措置協定を締結しているが、追加議定書（NPT上の義務ではない）については、2003年12月に署名したものの批准には至っていなかった。イランは、追加議定書の署名時からその自発的実施を行ってきたが、それもイランの核問題の安保理への付託を受けて2006年2月に終了していた。JCPOAでは、イランはJCPOAの「履行日」（2016年1月16日＝後述）に追加議定書の暫定的適用を開始することについてIAEAに通告することを約束した[69]。この約束は、「大統領と議会のそれぞれの役割に従って」という留保付きであったが、イランは実際、追加議定書の暫定的適用に関する通告をIAEAに対して行い、履行日に暫定的適用を開始した[70]。

64　JCPOA, Annex IV, paras. 6.1, 6.2, 6.4.

65　JCPOA, Annex IV, paras. 4.1, 4.5.

66　UN Doc. S/RES/2231(2015), op. cit., para. 16.

67　JCPOA, Annex IV, paras. 6.4.5, 6.5; UN Doc. S/RES/2231(2015), op. cit., paras. 7(b), 16-17; ibid., Annex B, para. 2. JCPOAにはJCPOAを承認する安保理決議の規定に従うことが明記されている。JCPOA, Annex IV, para. 6.1.

68　UN Doc. S/RES/2231(2015), op. cit., Annex B, para. 2.

69　JCPOA, para. 13; JCPOA, Annex V, para. 8. イランは、JCPOAの「移行日」（後述）に追加議定書の批准を追求する（seek）ことも約束した。JCPOA, Annex V, para. 22.1.

70　IAEA Doc. GOV/2016/8, 26 February 2016, paras. 28, 32; IAEA, "Status List: Conclusion of Additional Protocols, Status as of 18 September 2020," p. 5, n. 4, at https://www.iaea.org/sites/default/files/20/01/sg-ap-status.pdf (accessed on 23 December 2020).

暫定的適用は、追加議定書第 17 条 b に基づくもので[71]、その適用は発効までの間の暫定的なものであり、当事国とならない意図を通告すれば終了するものとされるが[72]、それらの点を除けば、追加議定書が実際に発効した場合と異なるところのない法的な義務を生じさせるものである[73]。実際イランは、追加議定書第 2 条に基づく冒頭申告を行い[74]、追加議定書第 5 条 c に基づく補完的アクセスも受け入れている[75]。なお、仮にイランが上記の手続を踏んで暫定的適用を終了させる場合(「おわりに」参照)、それが違法かといえば、そうではない。暫定的適用は、法的文書ではない JCPOA において約束したことに過ぎないからである。

包括的保障措置との関係では、イランは履行日に包括的保障措置協定の補助取極の「改正コード 3.1」を完全に履行するものとされる[76]。改正コード 3.1 は、前述のように、新たな施設等の設計情報の早期提出を定めるものであり、新たな施設の予備的な設計情報は、「建設または建設の許可の決定が行われ次第、できるだけ早期に」提供されるものとされる。イランは、2003 年 2 月に自国の補助取極につきこの改正を行っていた(イランによると議会未批准とされる)が、2007 年 3 月の安保理決議 1747 の採択を受けてその履行を「停止」していたものである[77]。しかし、安保理は 2010 年の決議 1929 において、憲章第 7 章の下で改正コード 3.1 の適用をイランに義務づけており、上記の完全履行の規定は法的には当然のことである[78]。

---

71 JCPOA, para. 13.

72 国際機関条約法条約第 25 条 2 項。

73 国連国際法委員会が 2018 年にその第一読で採択した「条約の暫定的適用に関するガイド案」のガイドライン 5 によれば、条約の暫定的適用は、あたかも条約が発効しているかのような「法的拘束力のある義務」を生じさせる、とされる。"The Draft Guide to Provisional Application of Treaties," Guideline 5, in UN Doc. A/73/10, 2018, pp. 203-204.

74 See IAEA Doc. GOV/2016/8, op. cit., para. 29.

75 IAEA Docs. GOV/2020/15, 3 March 2020, para. 6; GOV/2020/30, 5 June 2020, paras. 5-6, 11; GOV/2020/41, 4 September 2020, para. 31; GOV/2020/47, 4 September 2020, paras. 11, 12; GOV/2020/51, 11 November 2020, para. 32.

76 JCPOA, para. 13; JCPOA, Annex I, para. 65; JCPOA, Annex V, paras. 8, 15.10.

77 IAEA Doc. GOV/2007/22, 23 May 2007, para. 12.

78 UN Doc. S/RES/1929(2010), op. cit., para. 5. その意味では、改正コード 3.1 の完全履行はすでにイランの法的義務となっており、それが「履行日」において求められるということであるとす

JCPOAでは、以上の追加議定書および包括的保障措置協定にかかるものとは別に、独自の履行監視の手続を設けている[79]。附属書Ⅰ(核関連措置)の第Q節(アクセス)に規定されるこの手続は、その場所および名称からして、イランによるJCPOAの履行の監視を念頭に置いたものであることは明らかであり、その旨は明記されてもいる[80]。それによると、IAEAが、申告場所(包括的保障措置協定や追加議定書に基づく)以外の場所における未申告の核物質・原子力活動またはJCPOAと矛盾する活動について懸念を有する場合には、イランに説明を要請するものとされ、イランによる説明で懸念が解消されない場合には、IAEAは理由を示してアクセスを要請できるものとされる[81]。イランは代替的な措置を提案することができるとされるが、それによっても疑惑が解消されない場合には、JCPOAに参加するE3/EU+3およびイランからなる「合同委員会」との協議などを経たのち、最終的にイランは、当初のIAEAによるアクセス要請から24日以内[82]に、IAEAの懸念を解消するため、合同委員会がコンセンサスか5票以上の多数決で[83]提示する「必要な措置」をとるものとされる[84]。「必要

れば（そのようである。See JCPOA, Annex V, para. 15.10)、法的には疑問のある規定ということになろう。なお、浅田「イランの核問題と国際社会の対応」114-121頁参照。

79 オバマ元大統領は、これをもって「軍備管理の合意で史上最も遠大な査察・検証制度（the most far-reaching inspections and verification regime ever negotiated in an arms control deal)」であると述べる。Barack Obama, "Quitting the Iran Nuclear Deal: 'A Serious Mistake'," *Arms Control Today*, Vol. 48, No. 5 (June 2018), p. 36.

80 JCPOA, Annex I, para. 74.

81 JCPOA, Annex I, paras. 75, 76.

82 24日もあれば核開発の証拠がすべて消去されるのではないかとの懸念があったが、アメリカのエネルギー省が行った実験によれば、3週間で放射性物質を完全に消去するのはとても無理とのことである。Darius Dixon, "Moniz: Test Results Back Up Assurances on Iran Deal," *Politico*, 22 July 2015, at https://www.politico.com/story/2015/07/moniz-test-results-back-up-assurances-on-iran-deal-120507 (accessed on 23 December 2020).

83 JCPOA, Annex I, para. 78. 5票以上の多数決とは、イラン、ロシア、中国の三国が反対しても、アクセスの提供を「必要な措置」として提示できることを意味する。"P5+1 and Iran Reach Agreement on Iranian Nuclear Program; Obama Administration Seeks Congressional Approval," op. cit., p. 652. なお、合同委員会におけるそれ以外の議事はすべてコンセンサスによるものとされる。JCPOA, Annex IV, paras. 4.1, 4.4.

84 JCPOA, Annex I, paras. 77, 78.

な措置」には、当該場所へのアクセスが含まれることになろう。この手続は15年間続く[85]。

⒤ 国連制裁および独自制裁の解除（JCPOA第18項〜第33項、附属書II）

イランが核関連活動に対する制限を受け入れるのに対して、その対価としてイランに与えられるのが制裁の解除である。そもそもJCPOAの合意が可能となったのも、基本的にはイランが強力な経済制裁によって疲弊した経済から立ち直りたいというところに大きな要因があったのであり、この点はJCPOAの大きな柱をなすものである。

JCPOAによれば、国連の制裁については、「履行日」(2016年1月16日=後述)において、JCPOAを承認する安保理決議（すなわち後の決議2231）がこれまでのすべてのイラン核問題関連安保理決議（決議1696、1737、1747、1803、1835、1929および2224）を終了させるものとされる[86]。ただし後述のように、同時に、それらの国連制裁が復活する可能性も認められており、そのための手続も規定されている。なお、JCPOA合意の6日後に採択された安保理決議2231は、国連憲章第41条の下で行動し、「履行日」に当たる日に上記の安保理7決議のすべての規定を終了させる(shall be terminated)ことを決定(Decides)した[87]。

独自制裁との関連では、EUの独自制裁につき、同じく「履行日」において、核関連の経済制裁および金融制裁を実施するEU規則のすべての規定を終了(terminate)させるものとされた[88]。そうした終了の対象には、EUの個人・団体とイランの個人・団体との間の資金移転、イラン中央銀行を含む個人・団体に対するSWIFT等の特別金融通信文サービスの提供、イランの石油、石油製品、ガスおよび石油化学製品の輸入・輸送、石油、ガスおよび石油化学部門の重要機材・技術の輸出[89]、イランの貨物飛行のEUの空港へのアクセス、資産凍結

85 JCPOA, para. 15.
86 JCPOA, para. 18.
87 UN Doc. S/RES/2231(2015), op. cit., para. 7 (a).
88 JCPOA, para. 19.
89 JCPOA, Annex II, para. 1.2.1-1.2.3.

および渡航禁止に関する個人・団体の指定(イラン中央銀行を含む[90])など各種分野におけるすべての制裁・制限措置が含まれる[91]。またEUは、「採択日」(2015年10月18日=後述)から8年後の日またはIAEAがイランについて拡大結論(当該国のすべての核物質が平和的原子力活動の下にあるという結論[92])を出す日のうちいずれか早い日(「移行日」という)に、EUの拡散関連のすべての制裁の実施のためのEU規則のすべての規定を終了させるものとされた[93]。

アメリカの独自制裁についても、同じく「履行日」において、附属書Ⅱに定める制裁の適用を終了し(cease the application)、その終了を継続するものとされた[94]。そうした終了の対象には、イラン中央銀行を含むイランの銀行・金融機関との金融・銀行取引、イラン通貨リアルでの取引、アメリカの銀行券のイラン政府への提供、イラン原油の販売の縮小努力、イランのエネルギー部門との取引などの分野におけるすべての核関連の制裁が含まれている[95]。アメリカはまた、それらの制裁を終了(terminate)させるための立法を「追求する(seek)」ことも約束した[96]。ただし、EUの場合とは異なり、対象となる制裁は非アメリカ人[97]に対する制裁(いわゆる二次制裁)に限定されており[98]、JCPOAによってイランの核問題に関するアメリカの制裁のすべての適用が終了するのではない点

90 JCPOA, Annex II, para. 1.9.1.1.

91 JCPOA, para. 19. See also JCPOA, Annex II, paras. 1-3.

92 通常、追加議定書の実施によって当該国全体として未申告の核物質・原子力活動がないことが判明した後に出される。IAEA, *IAEA Safeguards Glossary 2001 Edition* (IAEA, 2002), p. 100.

93 JCPOA, para. 20.

94 JCPOA, para. 21.

95 JCPOA, para. 21. See also JCPOA, Annex II, paras. 4, 6.

96 JCPOA, Annex II, para. 4.

97 非アメリカ人(non-U.S. person)とは、①合衆国市民、永住者、合衆国法または合衆国内の管轄の下で組織された団体(外国支店を含む)、合衆国にあるあらゆる者、および②アメリカ人(U.S. person)の所有しまたは管理する団体、を除くあらゆる個人・団体をいうものと定義される。JCPOA, Annex II, para. 4, n. 6.

98 JCPOA, Annex II, para. 4, n. 6, para. 7. See also Doug Jacobson, Michael Burton and Glen Kelley, "A View from the Trenches: The Practical Impact of the Iran JCPOA on US and Non-US Companies," *International Trade Law News*, 22 January 2016, at http://tradelawnews.blogspot.com/2016/01/a-view-from-trenches-practical-impact.html (accessed on 24 December 2020).

には注意しなければならない。

さらに上記のように、EUの制裁とアメリカの制裁とでは、その処理にかかる表現が異なっている。EUの場合には制裁実施EU規則の「終了(terminate)」と表現されているのに対して、アメリカの場合には制裁の「適用の終了(cease the application)」と表現されている。なぜなのか。この点の相違は、EUとアメリカの国内における法制度および政治状況の相違を反映したものとされる。すなわち、EUの場合には、加盟国のすべてが終了を支持するのは確実であるので「終了」という表現にしたが、アメリカの場合には、逆に議会が制裁法の終了に賛成しないのは明らかであるため、上記のような表現になったとされる[99]。おそらく同じ理由から、制裁の再導入と新規制裁の実施を禁止する規定でも、アメリカとの関係でのみ「大統領と議会のそれぞれの役割に従って行動して」という留保が付されている[100]。

なおイランは、制裁の解除に関して「JCPOAのいかなる規定もアメリカの制裁に関するイランの立場の変更を反映するものではない[101]」としている。これは、独自制裁の部分的・段階的解除について合意することが、独自制裁の合法性を認めることを意味しない点を明らかにしたものと思われる[102]。

ⅳ 紛争解決メカニズム(JCPOA第36項、附属書Ⅳ)

これまで述べてきたイランの核関連活動の制限であれ、対イラン制裁の解除であれ、一定の約束をする以上、その履行に関して紛争が生ずる可能性は否定できない。JCPOAにはそうした紛争をいかに解決するかについての手続が規

99 Email from Richard Nephew, Senior Research Scholar, Columbia University (a former Principal Deputy Negotiator for Sanctions Policy at the Department of State from 2013-2015, during which he served as the lead sanctions expert for the US team negotiating with Iran), 14 December 2015.

100 JCPOA, para. 26.

101 JCPOA, Annex II, para. 7.1, n. 14.

102 独自制裁に対するイランの法的立場につき、Kazem Gharib Abadi, "Unilateral Sanctions against Iran and International Law," paper presented at the symposium on unilateral sanctions under international law, The Hague, 11 July 2013, at http://iranianembassy.nl/en/akhbar/40.pdf (accessed on 20 December 2015).

定されているが、その扱う問題の政治的な重大性、その安全保障上の機微な性格を反映して、複雑な手続となっている。

紛争の解決に当たるのは、JCPOAの履行を全体として調整・監視するために設置された「合同委員会」であり、JCPOA参加のE3/EU+3およびイラン（全体として「JCPOA参加者（JCPOA participants）」という）から構成される。合同委員会の任務には前述のアクセス提供に関するものを含め様々なものがあるが[103]、紛争解決については、E3/EU+3もイランも、JCPOAの約束に違反していると考える問題を合同委員会に付託することができ、次のような手続に従う[104]（巻末の**資料**参照）。

まず合同委員会は、付託された問題について15日間（コンセンサスで延長可）の解決努力を行う。それで遵守問題が解決しなかったと考えるいずれのJCPOA参加者も、15日間（コンセンサスで延長可）の外相レベルの解決努力に付託することができる。違反疑惑の原告（申立参加者）も被告（履行が疑問視されている参加者）も、外相レベルの解決努力と並行してまたはそれに代えて、三者（紛争当事者＋第三者）からなる諮問委員会（Advisory Board）に15日以内に非拘束的な意見を出すよう求めることができ、合同委員会はその意見を5日以内に検討する。それでもなお原告の満足のいく解決が得られず、かつ原告がその問題を「重大な不履行（significant non-performance）」であると考える場合には、原告はその問題をJCPOAに基づく約束の全部または一部の履行を終了する根拠とすることができ、および／または、国連安保理にその問題を重大な不履行として「通報」することができる。

(v) 国連制裁の復活（スナップバック）手続（JCPOA第37項、安保理決議2231）

①2つのスナップバック手続

右に述べた紛争解決手続を経ても、原告の満足のいく解決が得られず、かつ原告がその問題を「重大な不履行」であると考えた結果、その問題を安保理に

103　See JCPOA, Annex IV, para. 2.

104　JCPOA, para. 36.

「通報」した場合には、その後の手続はJCPOAにおいて次のように規定されている(安保理決議2231には後述のように若干内容の異なる手続が定められている)。

原告からの「通報」を受領した安保理は、「[国連]制裁の解除を継続する」旨の決議につき投票を行うものとされ、通報から30日以内に上記決議が採択されない場合には、(安保理が別段の決定を行わない限り)解除されていた旧安保理決議が再度適用される(「スナップバック(snapback)」と称される)。ただし、JCPOAおよび安保理決議と両立することを条件に、イランまたはイラン人たる個人・団体がそれらの再適用前に署名した契約に遡及的に適用されることはない[105]。

制裁の「解除を継続する」旨の決議を提案し、それが採択されない限り制裁を再開するという手続は、必ずしも分かり易い手続とはいえないが、その目的と効果は次のようなものである。この手続の目的は、背景に重大な不履行の疑惑があることから、いかに迅速かつ効果的に国連制裁を復活させるかというところにあるのは明らかである。国連制裁を復活させる通常の方法は、新たに同内容の制裁決議を採択するか、単にかつての決議を復活させる旨の決議を採択するということであろうが、その表決には安保理の手続が適用されることから、常任理事国の拒否権の対象となる。例えばイランと良好な関係にあるロシアが拒否権を行使すれば、制裁の復活は不可能となるし、そうでなくとも、ロシアが拒否権の行使をちらつかせれば、制裁内容を骨抜きにすることも可能である。

しかし、上記のJCPOAに定める方式であれば、制裁決議を継続する旨の決議案が否決されるならば、これまでの制裁決議が自動的に復活することになっており、そのためには常任理事国の一国(例えばアメリカ)が拒否権を行使しさえすればよいのである。逆に、制裁の復活を阻止するためには決議を採択させる必要があることから、拒否権の存在を考えるとそれは極めて困難となる。こうして上記の手続は、アメリカが一国でいつでもこれまでの国連制裁のすべてを容易に復活させることができる手続として、さらにはそれによってイランに

---

105 JCPOA, para. 37. 同時に安保理は、関係国の見解および諮問委員会の意見を考慮する意図を明らかにすると共に、通報の対象となった問題がこの間に解決すれば制裁の再適用は行わない意図を明らかにするものとされている。Ibid., para. 37.

よる重大な不履行を抑止する手段として考案されたものと考えることができるのである。

以上のJCPOAの規定を受けた形で決議2231では、その第11項が次のように規定する(巻末の**資料**参照)。すなわち、安保理は、国連憲章第41条の下で行動して、「JCPOA参加国」からJCPOAの重大な不履行であると考える問題の「通報」を受けた場合には、「[制裁の]終了の効果を継続させる」旨の決議案を表決に付すことを決定し(Decides)、通報から10日以内にそうした決議案が提出されない場合には、安保理議長が決議案を提出して表決に付すことを決定している(decides)[106]。その上で第12項において、同じく国連憲章第41条の下で行動して、第11項にいう決議が採択されない場合には、第11項にいう通報から30日後に、終了していた制裁決議[107]が、終了前と同様の態様で適用されること[108]を決定している(Decides)。

以上のような手続は、いったん終了した(解除された)制裁を極めて容易に復活させることができる点で、制裁を課す側にとって極めて有効な手段を提供することになるが、本件を離れて他の解除された制裁との関係においても同様な

---

106 UN Doc. S/RES/2231(2015), op. cit., para. 11.

107 安保理決議2231の第12項で復活するとされる安保理決議は、同決議の第7項(a)で終了するとされる安保理決議と一致せず、終了するとされる決議2224が復活する決議の中に含まれていない。決議2224は、イラン制裁委員会の専門家パネルの任期の2016年7月までの延長を決定するものである。それが復活しないことによる実際上の不都合は大きくないが、1年以内のパネルの再結成は現実的でないと考えたのか、それは改めて検討すべき事項と考えたのか、理由は明らかでない。なお、「3．国連安全保障理事会による制裁」では紹介しなかったが、決議2231において終了する(スナップバックで復活する)安保理決議に含まれているもう1つの決議として2008年の決議1835がある。これは決議1696、1737、1747、1803を再確認し、イランに対してそれらに含まれる義務の完全遵守を要請するものである。UN Doc. S/RES/1835(2008), 27 September 2008, paras. 1, 4.

108 決議2231の第12項では、スナップバックの結果として、第7項および第8項の措置も(安保理が別段の決定を行わない限り)終了するものとされている。したがって、国連制裁決議の復活と併せて、決議2231の附属書Bとして掲げられていたE3/EU+3の「声明」に関する規定(核関連資機材の調達に関する規定や武器禁輸の解除を法的なものとする規定など)も、また「採択日」(2015年10月18日＝後述)から10年後に安保理はイランの核問題への関与を終了するとの規定も、(安保理が別段の決定を行わない限り)終了することになる。UN Doc. S/RES/2231(2015), op. cit., para. 12. See also ibid., para. 9.

手続が利用可能かといえば、それは消極に解すべきであろう。本件においても、当該制裁の終了時に特別な制度として上記の復活手続が合意されたのであるし、JCPOAの制度は関係国間の履行のためだけのものであって、前例としない旨の注記が、決議2231にもJCPOAにも記載されているからである[109]。もちろん今後も制裁解除に合わせて同様の制度が導入されるという可能性は皆無とはいえないが、その場合であってもJCPOAの前例からして、解除時にそのような手続に合意しておくことが必要であろう。

②JCPOAと決議2231との手続上の相違点

こうして、安保理決議2231は、JCPOAの関連規定を受けて、基本的にそれを国連憲章第41条の下で法的拘束力のある形にして、再確認しているように見える。しかし、仔細に見ると、両者は完全に同一の制度を規定している訳ではないことが分かる。すなわち、JCPOAの関連規定では、安保理への重大な不履行の「通報」を行う権限を有するものが「[JCPOA]参加者([JCPOA] participant)」とされていたのに対して、決議2231の関連規定(第11項)で同様の「通報」を行う権限を有するものは、「JCPOA参加国(JCPOA participant State)」とされている。

この点の相違の唯一の直接の帰結は、EUが前者では通報の権限を有するが、後者では(「国」ではないので)通報の権限を有さないとされるという点である。これは単純な技術的なミスなのか、それとも意図された相違なのか。きわめて重要な内容を有する安保理決議について軽々にミスであると想定することは適当ではなかろう[110]。しかし、EUを外すだけのために表現を変えたとは考え難い。EU加盟国(当時)である英仏独の三国が通報を希望しないのに、EUのみ

109 例えば決議2231では、JCPOAに含まれるすべての規定が関係国間の履行のためだけのものであり、「他のいずれの国にとっても、また国際法上の原則および[NPT]その他の関連文書に基づく権利義務にとっても、さらには国際的に承認された原則と実行にとっても、前例となると考えるべきではない」ことを「決定(Decides)」している。これは主として、NPT関連の権利義務との関係で規定されたものであろうが、本件にも当てはまる一般的な規定である。UN Doc. S/RES/2231(2015), op. cit., para. 27. See also JCPOA, Preamble and General Provisions, para. xi.

110 後述のように、アメリカもこの点の相違を指摘している。

が通報を希望するといった事態（そうであればEUを外すことに意味があるかも知れない）は考え難いからである。そうすると決議2231の手続に、それ以外の独自の意味があるということになるが、決議の関連規定とJCPOAの関連規定を比較すると、それは、決議の下では、JCPOA加盟国はJCPOAの紛争解決メカニズムを経ることなく、直ちに安保理にJCPOAの重大な不履行疑惑を通報することができるというところにあるように思える。

もちろん、そのような解釈に異論はあり得る。第1に、決議2231の規定は経緯的にも内容的にもJCPOAの関連規定を受けたものであり、異なる制度が導入されることは考え難い。第2に、決議2231でJCPOA「参加国」とされたのは、安保理に通報できるのは国連加盟国であって、EUには当然にそのような権利がある訳ではないからである。第3に、仮に決議2231の手続が援用できるのがJCPOA参加「国」のみであるとしても、参加国もJCPOAに参加しているのであるから、安保理決議においてJCPOAを離れた別途の手続を創設する意義は見出しがたい。こうした異論が考えられるであろう。

しかし、第1の点についていえば、JCPOAはイランを含めて合意された枠組みであるのに対して、決議2231が採択された安保理にはJCPOA参加のE3/EU+3とイランの7か国＋1機関のうち安保理常任理事国である5か国のみが参加していた（イランもドイツも理事国ではなかった）のであり[111]、安保理決議では異なる手続が組み込まれたという可能性も排除できないであろう。実際、決議2231にはイラン以外のJCPOA参加者のみによる「声明」が附属書Bとして添付されており、しかもその多くが決議本文において法的拘束力を付与されてもいる[112]。その意味で決議2231には、明らかにJCPOAとは異なる重要な規定が現に組み込まれているのである。

第2の点についていえば、たしかに国連憲章は、国連「加盟国」に対して（条件付きで「非加盟国」にも）安保理の注意を促す権限を与えている（第35条）が、これは国連憲章が国家間の条約であるからであって、安保理自身が認めれば国家

111 See UN Doc. S/PV.7488, op. cit.

112 UN Doc S/RES/2231(2015), op. cit., para. 7(b).

以外の機関による同様の行為が不可能という訳ではない。憲章の関連規定もそれを排除する規定ぶりとはなっていない。実際、JCPOA の関連規定では、紛争解決メカニズムを経ても問題が解決しない場合には、EU も安保理に問題を付託できることが前提の規定ぶりとなっていた。JCPOA において、イランも同意して EU による付託を可能であるとしていたのに、イランがいない安保理で EU による付託を認めないことに合意したとは考え難いであろう（しかもいずれにせよ EU 加盟国である英仏独は単独で付託できる）。そうすると、決議 2231 で JCPOA とは付託主体が異なっているのは、何らかの異なる手続が意図されたからだと考えるのが自然であるということになろう。わずか 6 日後に同一の問題について同一の手続を規定するはずであった安保理決議で技術的なミスが起こったとは考え難く、両者に相違があるのであれば、（部分的に）異なる手続が意図されたと考えるべきであろう。

前述のように JCPOA の第 36 項では、JCPOA の違反の疑惑がある場合には、まず合同委員会に付託して解決の努力をするものとされ、それでも原告の満足のいく解決が得られず、かつ原告がその問題を重大な不履行であると考える場合には、その問題を国連安保理に通報することができるとされており、安保理への通報の前提として合同委員会による紛争解決努力が予定されていた。

これに対して決議 2231 では、安保理への付託について、JCPOA の紛争解決メカニズムを経ることが要件としては規定されていないだけでなく、その第 10 項では、JCPOA の参加者（ここは「参加国」ではない[113]）が JCPOA の履行に関して生ずる問題を JCPOA の手続を通じて解決することを「奨励（Encourages）」しているに過ぎない[114]（スナップバックの手続を規定する第 11 項と第 12 項が国連憲

113　第 10 項と第 11 項という連続している項において使用されている「JCPOA 参加者（JCPOA participants）」と「JCPOA 参加国（JCPOA participant State）」という異なる表記が、単なるミスの結果として異なる表現となったということも考え難いであろう。また、第 10 項が「JCPOA 参加者」の語を使用しているのは、同項が JCPOA の枠組みにおける紛争解決努力（その点は EU にも当てはまる）を奨励しているからであろう。

114　UN Doc S/RES/2231(2015), op. cit., para. 10. 決議 2231 の第 11 項において、安保理は諮問委員会（JCPOA の紛争解決メカニズムにおいて選択的に利用できるとされている手続）の意見を考慮する意図を表明しており、イランは、これをもってスナップバックとの関係で諮問委員会の

章第41条に言及した上で「決定（Decides）」しているのとは対照的である）。その点で、決議2231において、スナップバックはJCPOAの紛争解決メカニズムを試みた後にのみ援用可能であるとするのは[115]正しくない。少なくとも、紛争解決メカニズムを尽くすことがスナップバックの手続開始のための法的な要件とされているとはいえないであろう。

JCPOAと決議2231との間のさらなる手続上の相違として、前者では安保理への「通報」においてJCPOAの紛争解決プロセスを尽くすために行った誠実な努力について記述することが求められている[116]（それは紛争解決メカニズムを尽くすことが要件とされていることを含意する）のに対して、後者にはそれに対応する規定がない（それは紛争解決メカニズムを尽くすことが要件とされてはいないことの反映とみることができる）点があげられる。逆に、JCPOAには含まれていないが、決議2231には含まれている手続上の相違として、決議2231においては、「通報」が行われた後10日以内に制裁解除継続の決議案が提出されない場合には安保理議長にその提出を義務づける規定が含まれている。こうした点も、根拠としての説得力に程度差はあるものの、上記の結論（決議2231はJCPOAの制度を全く変更することなくそのまま反映させたのではない）を支持する事実ということができよう。

上記の第3の点についていえば、では決議2231においてJCPOAとは異なる手続を設け、JCPOAの紛争解決メカニズムを経ずして直ちに安保理に通報することを可能にしたとして、それにいかなる意味があるのか。この点については、いくつか考えることができる。1つは、JCPOAの紛争解決のプロセスが複雑で長期にわたる可能性がある（30日〜35日ほど）ことから、迅速な対応を要する重大な不履行の事態が発生した場合には、そうした紛争解決メカニズムを迂

設置が要求されていると示唆するが（UN Doc. S/2020/814, op. cit., p. 9）、諮問委員会の設置はそもそも選択的なものであって、その手続が利用された場合にはその意見を考慮する意図を表明しているだけであって、これをもってJCPOAの紛争解決メカニズムを尽くすことがスナップバックの手続を開始する要件であるということにはならない。

115　Cf. Weller, "The Controversy about the Iranian Nuclear Sanctions Snapback," op. cit.

116　JCPOA, para. 37.

回して迅速に安保理に制裁の復活を求めることが必要となる可能性がある、と考えたということがあろう。これは、核兵器の開発という、対象となるべき事態の重大性を考えれば、あり得ないことではない。実際、後述のEUによる紛争解決メカニズムの援用例のように、紛争解決メカニズムがスナップバックを遅らせる目的で利用されることがあるという事実からも、JCPOAの紛争解決メカニズムは時間がかかるという印象を持たれていたと考えることができよう。また別の理由として、JCPOAの紛争解決メカニズムが何らかの理由で機能不全に陥った場合、JCPOAの手続によれば、制裁復活の道が閉ざされてしまうということにもなりかねない。そうした事態を回避するために、JCPOAの紛争解決メカニズムを経ることなく直接に安保理に通報する道を設けた、ということもありうるであろう。

いずれにしても、決議2231の関連規定は、JCPOAの紛争解決メカニズムを経ずして安保理で制裁復活の手続をとることができるという解釈が可能な規定ぶりであるという事実は否定できないし、後述のJCPOA脱退後のアメリカによる決議2231に基づく制裁復活手続援用の際に、JCPOAの紛争解決メカニズムを経由していないので違法無効であるとの批判は関係国からほとんど発せられなかった[117]のも事実である[118]。

なお、このスナップバックの制度は、JCPOAの場合も決議2231の場合も、

---

117 管見の限り、この点に触れたのはイランとロシアのみである。UN Docs. S/2020/814 (Iran), op. cit., p. 9; S/2020/816 (Russia), op. cit., pp. 4, 6; S/2020/828 (Russia), 24 August 2020, p. 2. Cf. UN Doc. S/2020/817 (China), 21 August 2020, p. 1; Thomas R. Pickering and William Luers, "What You Need to Know about 'Snapback': Political Significance and Legal Problems," (21 September 2020), pp. 1, 6, at https://www.justsecurity.org/wp-content/uploads/2020/09/pickering-memo-snapback.pdf (accessed on 30 December 2020).

118 そうした批判が少ない背景として、そもそもアメリカがJCPOAから脱退したという事実を指摘するのみで十分だと考えたということも考えられるし、JCPOAからの脱退を理由に批判しつつ、JCPOAの手続を尽くしていないので無効であると主張することは自己矛盾を来すと考えたということも考えられる。しかし、多くの国がアメリカによるスナップバックの試みを批判しながら、JCPOAの手続を踏んでいない点に言及する国がほとんどいなかったという事実は、決議2231を基礎としたスナップバックでは、JCPOAの紛争解決メカニズムを事前に尽くすことが要件であると認識されてはいなかったことを示唆すると考えることもできよう。

採択日から10年間(2025年10月18日まで)適用されるが[119]、E3/EU+3は、10年の経過の後、スナップバックの制度を5年間延長する決議を提案するとの意図を表明している(もちろん延長には改めてその旨の決議の採択が必要である)[120]。

また、こうした手続の最終的な目的と効果が制裁の再開にある以上、ここで想定されているのは、ほとんど専らイランによるJCPOAの重大な不履行ということになる。この点に関連してイランは、制裁が全部であれ一部であれ、復活するということになれば、それをJCPOAに基づく自国の約束の全部または一部の履行を終了する根拠として扱う旨を、JCPOA自体において明らかにしている[121]。

以上は、国連制裁のスナップバックにかかる制度であるが、JCPOAには、以前の独自制裁の再導入や新たな制裁(国連制裁と独自制裁)の新規導入を扱う規定もある[122]。すなわち、EUは「JCPOAに基づいて実施を終了した制裁を再導入」しないとして、制裁の再導入を禁止する規定があるほか、「核関連の新たな国連安全保障理事会の制裁も、核関連の新たなEUの制裁も制限措置もない」として、国連制裁と独自制裁につき、今後核関連の新たな制裁を実施しないことが約束されている。ただし、JCPOAの紛争解決メカニズムの適用の場合について留保されている[123]。

---

119 UN Doc. S/RES/2231(2015), op. cit., paras. 8, 9. ただし、いったん決議2231の第12項に従って制裁が復活した後に、再度制裁が解除されることとなった場合、その後はたして(いつまで)スナップバックの制度が適用されることになるのかについては、決議の第8項と第9項のみからは必ずしも判然としない。この点は、再度の解除の際に改めて定めることになるのであろう。

120 E3/EU+3は2015年7月14日にその旨の書簡を国連事務総長に送付した。Somini Sengupta, "'Snapback' Is an Easy Way to Reimpose Iran Penalties," *New York Times*, 16 July 2015; "Security Council Resolution on Iran Nuclear Agreement," *Security Council Report*, 19 July 2015, at https://www.securitycouncilreport.org/whatsinblue/2015/07/security-council-resolution-on-iran-nuclear-agreement.php (accessed on 26 January 2021). See UN Doc. S/2015/538 (text not available at the UN website). See also "P5+1 and Iran Reach Agreement on Iranian Nuclear Program; Obama Administration Seeks Congressional Approval," op. cit., p. 653.

121 JCPOA, para. 37.

122 JCPOA, para. 26.

123 これは、紛争解決メカニズムが、「重大な不履行」の場合に原告に対しJCPOAに基づく自らの約束の履行を終了する可能性を認めていることを指しているものと思われる。

同様のことは、アメリカ議会の立場に配慮した文言が加わってはいるものの[124]、アメリカについても当てはまり、「JCPOAに基づいて適用を終了した附属書IIに定める制裁を再導入」したり、「核関連の新たな制裁を課」したりしないとして、制裁の再導入と核関連の新たな制裁を実施しないことが約束されている。ここでも、JCPOAの紛争解決メカニズムの適用の場合について留保されている。さらに、EUの場合もアメリカの場合も、反対解釈の結果として、核関連以外であれば新たな制裁の導入も排除されないということになるであろう。

なお、この文脈でもイランは、制裁の復活や核関連の新たな制裁の導入があれば、それをJCPOAに基づく自国の約束の全部または一部の履行を終了する根拠として扱う旨を明らかにしている[125]。

(b) 関連する期日と時間枠

以上、JCPOAの主要規定と安保理決議2231の関連規定を詳細に見てきたが、JCPOAで用いられている時間枠がやや複雑で用語も特殊であるので、以下で簡単にその点を整理しておきたい。JCPOAでは、附属書V(履行計画)が、特定の措置等の開始・終了に関して5つの日を特別な名称を付して定めている[126]。それらは、完成日、採択日、履行日、移行日および国連安保理決議終了日である(**表6**参照)。

まず「完成日(Finalisation Day)」とは、JCPOAの交渉が完了した日のことで、2015年7月14日である。

次に「採択日(Adoption Day)」とは、JCPOAが安保理決議によって承認されてから90日が経過した日か、または、それよりも早い日とすることがすべてのJCPOA参加者の間で合意された場合にはその日(合意はなされなかった)と

---

124 アメリカは制裁を再導入したり核関連の新たな制裁を課したりしないとの約束には、「大統領と議会のそれぞれの役割に従って行動して」という文言が追加されている。

125 JCPOA, para. 26.

126 JCPOA, para. 34; JCPOA, Annex V.

表6　JCPOAの時間枠

完成日 2015年7月14日	JCPOAの交渉が完了した日
採択日 2015年10月18日	JCPOAが安保理決議2231によって承認されて90日後の日 *
	JCPOAが発効する
履行日 2016年1月16日	IAEAがイランによる核関連措置の履行を検認した日
	E3/EU+3は所定の制裁解除（国連制裁を含む）の措置をとる。 イランは追加議定書の暫定的適用を開始する。
移行日 2023年10月18日	採択日から8年後の日 **
	EUは履行日に解除されなかった制裁のうちの特定のものを解除する。 イランは追加議定書の批准を追求する。
終了日 2025年10月18日	採択日から10年後の日 ***
	EUは所定の理事会規則・決定の残りの規定をすべて終了させる。 決議2231の規定と措置は終了し、安保理はイラン核問題への関与を終える ****。

*　またはより早い日とすることにすべてのJCPOA参加者が合意した日
**　またはIAEAがイランについて拡大結論を出す日
***　ただし、以前の安保理決議が復活する場合はこの限りでない。
****　ただし、終了日以降も継続する約束を除く。

される[127]。具体的には、JCPOAを承認する安保理決議2231の採択が2015年7月20日であるので、採択日はその90日後の2015年10月18日ということになる。JCPOAは、採択日に効力を生ずる（come into effect）とされる[128]。このようにJCPOAが合意された後にそれが発効するまで一定の期間を置いたのは、JCPOAは、条約ではないにしても極めて重要な文書であり、関係国の議会の支持なくしては効果的に実施することができないと考えられたからであろう。この点は、特にアメリカとイランについて当てはまる。アメリカはJCPOAの骨子が合意された後、最終的な合意前の2015年5月に「イラン核合意検討法（Iran Nuclear Agreement Review Act）[129]」を制定し、議会が（当時未合意であった）JCPOAに

127　JCPOA, Annex V, para. 6.

128　JCPOA, para. 34.ii; JCPOA, Annex V, para. 6.

129　Public Law 114-17: Act to Provide for Congressional Review and Oversight of Agreements relating to Iran's Nuclear Program, and for Other Purposes (hereinafter cited as the "Iran Nuclear Agreement Review

ついて60日間の検討期間を持つことを定めた[130]。イラン議会も同様に、80日間の検討期間を設けることに議会が合意した[131]。そしてアメリカとイランの議会において、それぞれ2015年9月17日と10月13日にJCPOAの承認が得られた[132]。

「履行日(Implementation Day)」とは、IAEAがイランによる核関連措置の履行を検認する報告書を提出する日であり、具体的には2016年1月16日であった[133]。この日、IAEAの事務局長は、「イランがJCPOAの附属書Vの第15.1項ないし第15.11項に定める行動をとったことをIAEAが検認したことを確認」した[134]。同日にアメリカとEUは、制裁解除の措置をとるものとされた。国連制裁については、安保理決議に従って措置がとられることになっていたが、前述の通り決議2231において同日に国連制裁が終了することが決定されている[135]。イランはこの日に追加議定書の暫定的適用を開始し、改正コード3.1を完全に履行するものとされた[136]。

JCPOAの「履行日」と直接のリンクはないが、JCPOAが合意された2015年7月14日に、イランとIAEAは「ロードマップ[137]」に合意している。これは「軍事的な側面の可能性(Possible Military Dimensions)[138]」(PMD)と呼ばれてきたイラ

Act of 2015"), 22 May 2015, at https://www.congress.gov/114/plaws/publ17/PLAW-114publ17.pdf (accessed on 28 December 2020).

130 Ibid., Sec. 2 (Atomic Energy Act of 1954, Sec. 135 (b)). See also "P5+1 and Iran Reach Agreement on Iranian Nuclear Program; Obama Administration Seeks Congressional Approval," op. cit., pp. 655-656; "Iran Nuclear Framework Agreement Reached; Congress Seeks to Influence Negotiation," op. cit., p. 412.

131 Davenport, Kimball and Thielmann, *Solving the Iranian Nuclear Puzzle*, op. cit., p. 23.

132 Kelsey Davenport, "Iran, P5+1 Formally Adopt Nuclear Deal," *Arms Control Today*, Vol. 45, No. 9 (November 2015), p. 21.

133 IAEA Doc. GOV/INF/2016/1, 16 January 2016, para. 3.

134 Ibid., para. 2.

135 UN Doc. S/RES/2231(2015), op. cit., para. 7 (a).

136 JCPOA, Annex V, para. 8.

137 "Road-map for the Clarification of Past and Present Outstanding Issues regarding Iran's Nuclear Programme," in IAEA Doc. GOV/2015/68, 2 December 2015, Annex I.

138 "Possible Military Dimensions to Iran's Nuclear Programme," in IAEA Doc. GOV/2011/65, 8 November 2011, Annex.

ンの核兵器開発疑惑に関する問題を、IAEAとして最終的に解決するための工程表である。このロードマップに従ったイランによる説明、IAEAによる照会、技術専門家会合、討議などを経て、2015年12月2日にIAEA事務局長からIAEA理事会に提出された最終報告書によれば、「イランにおいて核爆発装置の開発に関連した一連の活動は2003年末より前に行われ」、若干の活動は2003年後にも行われたが、「2009年の後にイランにおける核爆発装置の開発に関連した活動の確実な兆候(credible indications)はない」と評価された[139]。これを受けてIAEA理事会は、12月15日にこの問題の検討は完了したとする決議を採択した[140]。以上は、ロードマップに関するJCPOAの規定[141]に概ね沿った日程で行われ、JCPOAが無事に履行日を迎える上で良好な雰囲気を醸成することとなったといえよう。なお、イランの2003年における核爆発装置開発活動の終了が事実であるとすると、2002年のブッシュ政権による「国家安全保障戦略」(大量破壊兵器テロの脅威に対して先制的に行動することを主張)[142]や2003年の大量破壊兵器保有疑惑を理由にしたアメリカによるイラク戦争などが影響したことが考えられる[143]。

「移行日(Transition Day)」とは、採択日から8年後の日(2023年10月18日)またはIAEAがイランについて拡大結論(当該国のすべての核物質が平和的原子力活動

---

139 IAEA Doc. GOV/2015/68, op. cit., para. 87. なお、アメリカ政府も、2007年に発表した「国家情報評価(National Intelligence Estimate)」において、高い確信をもってイランは2003年秋に核兵器計画を停止したとの結論を出していた。National Intelligence Council, *National Intelligence Estimate, Iran: Nuclear Intentions and Capabilities* (November 2007).

140 IAEA Doc. GOV/2015/72, 15 December 2015, para. 9.

141 JCPOA, para. 14.

142 アメリカの国家安全保障戦略について、浅田正彦「国際法における先制的自衛権の位相 ―ブッシュ・ドクトリンを契機として―」浅田正彦編『21世紀国際法の課題』(有信堂、2006年) 288-291頁参照。

143 イランは、自国の核計画はアメリカによる侵攻を抑止できないだけでなく、アメリカにイラン侵攻の口実として利用され得ると判断したと指摘される。Sina Azodi, "What Does the History Tell Us about Iran's Nuclear Intentions?," Center for Strategic and International Studies, 16 February 2021, at https://nuclearnetwork.csis.org/what-does-the-history-tell-us-about-irans-nuclear-intentions/ (accessed on 17 February 2021).

の下にあるという結論[144])を出す日のうちいずれか早い日をいう。この日にアメリカとEUは、履行日に解除されなかった制裁のうち特定のものについて解除を行い(EU)、または、適用が終了していた制定法に基づく制裁を終了させるための立法措置を追求し(アメリカ)、イランは、大統領および議会の憲法上の役割に従って、追加議定書の批准を追求するものとされる[145]。

「国連安保理決議終了日(UNSCR Termination Day)」とは、(以前の安保理決議が復活しない限り)採択日から10年後の日(2025年10月18日)であり、EUは所定の理事会規則・理事会決定の残りの規定をすべて終了させる。この日をもって決議2231の規定と措置は終了し、その後安保理はそれ以上イランの核問題には関与しなくなる[146]。ただし、JCPOAでその後も存続するものとされている約束は別である[147](**表5**参照)。

4. 包括的共同作業計画の評価

以上がJCPOAの主要規定の整理である。極めて複雑ではあるが、詳細で入念な内容となっている。これによって、イランの核兵器開発疑惑との関係でいかなる効果が得られることになったであろうか。イランはプルトニウム利用のための再処理は実用化していないので、イランの核開発への制限の中心は、ウラン濃縮能力と濃縮ウランの貯蔵量に置かれているといってよい。

まずイランにおけるウラン濃縮は、それまでウラン235の濃度にして20%まで行われていたものが[148]、JCPOAにおいては3.67%までに制限された。ウラン濃縮は天然ウランに0.7%しか含まれていないウラン235(核分裂性)の濃度を高めていく作業であるが、通常、大きく3段階に分けて考えられる。第1段階

144 通常、追加議定書の実施によって当該国全体として未申告の核物質・原子力活動がないことが判明した後に出される。IAEA, *IAEA Safeguards Glossary 2001 Edition* (IAEA, 2002), p. 100.

145 JCPOA, Annex V, paras. 20-22.

146 Ibid., Annex V, para. 24.

147 Ibid., Annex V, para. 26. これには、イランの再処理をしないという約束などが含まれる。

148 See, e.g., IAEA Doc. GOV/2010/10, 18 February 2010, para. 12.

は原発(軽水炉)の燃料に利用される濃縮度3～5%、第2段階は医療用に利用される濃縮度20%、そして第3段階が核兵器に利用される濃縮度90%以上である。この濃縮度の上昇の数字からは想像し難いが、天然ウランから第1段階までの濃縮で核兵器用の高濃縮ウラン製造の全作業量の7割が完了し、第2段階で9割が完了するといわれる[149]。したがって低濃縮度であれ、濃縮の制限は核兵器開発の抑制には重要なのである。

また濃縮ウランの貯蔵量に関しては、JCPOAでは、上記濃縮度上限の範囲内で六フッ化ウランにして300kg(ウランにして202.8kg相当)までに制限された。これは、JCPOA前のイランにおける濃縮ウランの貯蔵量(約12トン)のわずか2.5%であり、言い換えれば、これまでの貯蔵濃縮ウランの97%以上を売却するか、国外貯蔵のために国外に搬出しなければならなくなったということを意味する[150]。また、核兵器1発分の兵器級核物質の製造には、濃縮度3.67%の六フッ化ウランで1050kgが必要であるとされており[151]、上記貯蔵量の上限は、核兵器1発分の高濃縮ウランの製造に必要とされる低濃縮ウランの約4分の1に相当するとされる[152]。

濃縮に使用される遠心分離機の「設置」に関しては、それまでの約2万基から6104基へと3分の1に制限され、そのうち「稼働」できるものについては、それまでの約1万基から5060基へと半減させるものとされた。後者の数の遠心分離機(旧型に限定される)を稼働し続ければ、1か月に100kgの3.67%の低濃縮ウラン(六フッ化ウラン)を生産できるとされ[153]、上限の300kgの低濃縮ウラン

---

149 石黒穣「『核保有』まで最低1年」『読売新聞』2019年7月8日。

150 Davenport, Kimball and Thielmann, *Solving the Iranian Nuclear Puzzle*, op. cit., p. 2. See also Obama, "Quitting the Iran Nuclear Deal," op. cit., p. 36. イランは、2015年12月末に濃縮度20%の低濃縮ウランのすべてを含む11トン以上の低濃縮ウランをロシアに向けて搬出した。"United States Achieves Progress in Iran Relations with Nuclear Agreement Implementation, Prisoner Swap, and Hague Claims Tribunal Resolutions," *American Journal of International Law*, Vol. 110, No. 2 (April 2016), p. 348.

151 Kelsey Davenport, "Iran Moves toward Breaching Nuclear Limits," *Arms Control Today*, Vol. 49, No. 6 (July/August 2019), p. 25.

152 Davenport, Kimball and Thielmann, *Solving the Iranian Nuclear Puzzle*, op. cit., p. 16.

153 石黒「『核保有』まで最低1年」。

を、核兵器の製造に必要な1トン余りの低濃縮ウランにするには7〜8か月を要することになる。核兵器の製造には、さらにそれを90%以上に濃縮する必要があるので、全体としてJCPOAにおける制限を前提とする場合には、イランによる核兵器1発の製造に必要な濃縮度と量のウラン取得までの期間(「ブレイクアウト・タイム(breakout time)」という)は、それまでの2〜3か月から、少なくとも1年に延長されることになったといわれるのである[154]。

なお、イランは、プルトニウム型の核兵器の製造に利用される再処理については、JCPOAにおいて事実上無期限の放棄を約束しており、この側面においてはイランによる核兵器保有に極めて大きな制限が課されている。

以上の実体規定に加えて、手続的な規定においてもJCPOAは注目される。先に見たように、JCPOAの紛争解決メカニズムは、紛争解決機関としての機能も付与された合同委員会を中心に、厳密な時間枠に従って、他の参加者がJCPOAの約束に違反していると考える場合に、問題の解決を図るものである。また、そうした紛争解決メカニズムを尽くしても問題が解決せず、JCPOAの約束の「重大な不履行」があると考える場合には、参加者には、最終的に(しかも容易に)国連制裁の復活へとつながる手続も用意されている。これはまさに違反に対する「執行」そのものである。こうしてJCPOAの約束は、とりわけ手続面において、とても「自発的措置」を定めているとは言い難い厳格な制度を備えており、実質的には条約に近い態勢をとっているとさえいうことができるのであって、制度的に見た場合には政治的拘束力を有する約束と捉えるべきではないかと思われる。見方を変えれば、JCPOAの上記の手続は、法的拘束力のない約束について、その遵守・履行を確保するために考えうる最も強力な制度を提示しているといえるかも知れない。いずれにせよ、イランの核問題の解決への道は、これによって大きな改善を見せることが期待された。しかし、問題はイランからではなく、アメリカにおける政権交代から生じた。

154 "United States Achieves Progress in Iran Relations with Nuclear Agreement Implementation, Prisoner Swap, and Hague Claims Tribunal Resolutions," op. cit., p. 348.

V．アメリカによる包括的共同作業計画からの脱退と諸国の反応

JCPOAは、オバマ政権の時代（2017年1月まで）には無難に採択日、履行日を迎え、イランによる履行についても、2016年1月以降、イランのJCPOA遵守の確認[1]がIAEA事務局長によって継続的になされてきた[2]（若干の上限超過はあったが直ちに是正措置がとられた[3]）。しかし、すでに2016年のアメリカ大統領選挙の段階から、共和党候補のドナルド・トランプは、「ひどい合意である」としてJCPOAからの脱退を第一優先順位と主張し[4]、大統領に当選した後、

1　IAEA事務局長のこの任務は、安保理が決議2231で要請し、IAEA理事会が事務局長に授権したものである。See UN Doc. S/RES/2231(2015), op. cit., paras. 3-6; IAEA Docs. GOV/2015/53, 14 August 2015, paras. 8, 11; GOV/INF/2016/1, op. cit., para. 1. 2016年から2019年にかけてIAEAが行った同様な査察の92％以上がイランで行われていたとされる。UN Doc. S/2020/814, op. cit., p. 9.

2　IAEAは、イランにおけるウランの濃縮度が3.67％以下であることや、貯蔵濃縮ウランの総量が（六フッ化ウランで）300kg以下であることなどを報告していた。See, e.g., IAEA Docs. GOV/INF/2016/1, op. cit., para. 3; GOV/2016/8, 26 February 2016, para. 19; GOV/2016/23, 27 May 2016, paras. 10, 13; GOV/2016/46, 8 September 2016, paras. 9, 11; GOV/2016/55, 9 November 2016, paras. 9, 11. イランによれば、JCPOAの合意からアメリカの脱退の1年後までの間、IAEAは15回に亙ってイランによるJCPOAの完全遵守を報告してきたとされる。UN Doc. S/2020/814, op. cit., p. 18, citing IAEA reports to the Security Council: UN Docs. S/2016/57, 19 January 2016; S/2016/250, 15 March 2016; S/2016/535, 13 June 2016; S/2016/808, 22 September 2016; S/2016/983, 21 November 2016; S/2017/234, 20 March 2017; S/2017/502, 14 June 2017; S/2017/777, 13 September 2017; S/2017/994, 28 November 2017; S/2018/205, 8 March 2018; S/2018/540, 6 June 2018; S/2018/835, 12 September 2018; S/2018/1048, 26 November 2018; S/2019/212, 6 March 2019; S/2019/496, 14 June 2019. 国連事務総長も同様の報告を行っていた。See, e.g., UN Doc. S/2018/602, 12 June 2018, paras. 2, 3.

3　IAEAの2016年2月と11月の報告は、イランがJCPOAで設定された130トンを一時わずかに超える（それぞれ130.9トンおよび130.1トン）重水を貯蔵していたが、その後の一定量の国外搬出で上限以下となった旨を報告している。IAEA Docs. GOV/2016/8, op. cit., para. 16; GOV/2016/55, op. cit., para. 6; GOV/INF/2016/13, 6 December 2016, para. 5.

4　Kelsey Davenport, "Trump Election Puts Iran Deal in Doubt," Arms Control Association, December

表7　トランプ政権時代のJCPOAをめぐる動き

年月日	事項
2017.01.20	トランプ大統領就任
2018.05.08	トランプ大統領、JCPOAからの脱退を発表
2018.05.08	E3諸国、JCPOAへのコミットを継続する旨の共同声明を発出
2018.05.10	イランのザリフ外相、脱退を決議2231の明白な違反と非難
2019.05.08	イラン、JCPOAの履行を段階的に縮小する旨を表明
2020.01.05	イラン、JCPOAの制限に拘束されない旨を表明
2020.01.14	E3諸国、イランのJCPOA違反を合同委員会に付託
2020.08.14	安保理、アメリカ提案の武器禁輸継続決議案を圧倒的多数で否決
2020.08.20	アメリカ、安保理決議2231に従い、国連制裁復活のための「通報」実施
2020.08.25	安保理議長、コンセンサスがないとして「さらなる行動」を否定
2020.09.19	ポンペオ国務長官、国連制裁の復活を歓迎

JCPOAからの正式な脱退表明を行うことになる。

トランプ大統領が問題としたのは、次のような点である。第1に、JCPOAによるイランの原子力活動への制限には期限があること（いわゆる「サンセット条項」の存在）である。例えば、ウランの濃縮度や低濃縮ウランの貯蔵量に対する制限は、15年が経過すれば解除され、イランはそれらの制限に縛られることなく、ウラン濃縮を行うことができる。NPT上は、平和利用である限りウランの濃縮に対する制限はなく、高濃縮ウランの製造・保有も認められるのである（前述のエルバラダイ構想参照）。

第2に、JCPOAはイランの核問題は扱っているが、イランの弾道ミサイルの問題は扱っていない点である。この問題は、決議2231に附属書Bとして添付されているE3/EU+3による「声明」には含まれており、それによれば、イランは、移行日（採択日から8年後）まで核兵器運搬能力を有する弾道ミサイル関連の活動を行わないよう「要請」されている。決議においてもその要請は繰り返されているが、その点に法的拘束力は付与されていなかった。そのためイランは、トランプ政権発足の数日後に中距離弾道ミサイルの実験を行うなど実験

2016, at https://www.armscontrol.org/act/2016-11/news/trump-election-puts-iran-deal-doubt (accessed on 28 December 2020).

を継続していたのである[5]。

大統領就任の初年である2017年の当初、トランプ大統領は2015年のイラン核合意検討法に基づいて[6]、JCPOAに従ったイランに対する制裁の停止が適切であるとする証明を議会宛に行っていたが、2017年10月以降、その証明を行うことをやめ[7]、2018年1月には、これが「最後のチャンス」であり、JCPOAの欠陥を矯正する補足的合意が不可能と判断すれば直ちに脱退するとして、上記の2つの懸念とより強力な査察体制に焦点を合わせた協議をE3諸国と行った。しかし、具体的な成果を得るには至らなかった[8]。

2018年5月8日、トランプ大統領は正式にJCPOAからの脱退を表明すると共に、JCPOAに基づいて停止されていた制裁の復活を命じた。すなわち、「合意のサンセット規定は全く受け入れることができない」、「合意の査察規定は違反を防止し、探知し、そして処罰する十分なメカニズムを欠いている」、「[イランの]政権による核弾頭を運搬可能な弾道ミサイルの開発を取り扱っていない」、「合意はテロリズムの支援を含むイランによる不安定化活動を何ら抑制していない」などとしてJCPOAを批判した後、「したがって、本日、合衆国がイラン核合意から脱退することを表明する」と述べると共に、同盟国との間で「イランの核の脅威に対する真の包括的で永続的な解決」を追求し、それまでの間「強力な制裁が完全な効果を生ずることになる」と述べた[9]。政治的な合意としてのJCPOAには脱退に関する規定は存在しないことから、こうした一方的な宣言となったものである。

5　イランの国防相は、実験はJCPOAにも安保理決議にも違反していないと主張した。"Trump Administration Maintains Nuclear Deal with Iran, Despite Persistent Skepticism," *American Journal of International Law*, Vol. 111, No. 3 (July 2017), p. 777.

6　Iran Nuclear Agreement Review Act of 2015, Sec 2 (Atomic Energy Act of 1954, Sec. 135 (d)(6)).

7　2018年1月と4月にも証明を拒否した。"President Trump Withdraws the United States from the Iran Deal and Announces the Reimposition of Sanctions," *American Journal of International Law*, Vol. 112, No. 3 (July 2018), p. 515.

8　Ibid., op. cit., pp. 515-516.

9　Trump, "Remarks on the Joint Comprehensive Plan of Action to Prevent Iran from Obtaining a Nuclear Weapon and an Exchange with Reporters," op. cit.

同日、トランプ大統領は、国務長官と財務長官に対して、JCPOA に関連して解除ないし放棄されていた合衆国によるすべての制裁の復活のための措置を直ちに開始するよう命ずる内容を含む「大統領覚書（Presidential Memorandum）」に署名した[10]。同覚書によれば、制裁の復活は可及的速やかに、遅くともその発出から 180 日以内に完了するものとされ、より具体的には国務省の記者ブリーフにおいて、制裁の復活は 90 日間の段階的縮小と 6 か月間の段階的縮小という 2 段階の形で行われるものと説明された[11]。同覚書には、イランの問題行動として、イランが追加議定書に反する形で軍事施設へのアクセスを拒否するとの宣言を行ったこと[12]、およびイランが 2016 年に JCPOA による重水貯蔵の上限を二度超えたことが言及されている[13]。その後 5 月 21 日には、ポンペオ国務長官が、新たなイランとの合意に含めるべきとして 12 項目の要求を行った[14]。

これに対して、イスラエルやサウジアラビアなど一部の国は脱退を支持する声明を発出したが[15]、欧州から JCPOA に参加の英仏独の三国は、アメリカに

10 "Ceasing U.S. Participation in the JCPOA and Taking Additional Action to Counter Iran's Malign Influence and Deny Iran All Paths to a Nuclear Weapon," op. cit.

11 "Background Briefing on President Trump's Decision to Withdraw from the JCPOA," 9 May 2018, at https://www.iranwatch.org/library/governments/united-states/executive-branch/department-state/background-briefing-president-trumps-decision-withdraw-jcpoa (accessed on 26 January 2021).

12 See Ahmad Majidyar, "Iran Rejects I.A.E.A. Chief's Claim about Inspection of Military Sites," Middle East Institute, 12 September 2017, at https://www.mei.edu/publications/iran-rejects-iaea-chiefs-claim-about-inspection-military-sites (accessed on 30 January 2021).

13 重水の上限超えは僅かなもので、ほどなく是正されている。前出注 3 参照。

14 例えば次のような要求が含まれていた。①以前に行った軍事的側面（military dimensions）に関する完全な説明、②濃縮の停止と再処理の放棄（重水炉の閉鎖を含む）、③ IAEA に対するイラン全土のすべてのサイトへの無制限のアクセスの付与、④核兵器運搬能力を有するミサイルシステムのさらなる発射または開発の停止など。これに対してイランのロウハニ大統領は、即日拒否の声明を発した。Gardiner Harris, "In Hard-Line Speech, Pompeo Criticizes Iran's Behavior," *New York Times*, 21 May 2018, at https://www.nytimes.com/2018/05/21/world/middleeast/pompeo-iran-government-speech.html (accessed on 12 January 2021); "Mike Pompeo Speech: What are the 12 Demands Given to Iran?," *Aljazeera*, 21 May 2018, at https://www.aljazeera.com/news/2018/5/21/mike-pompeo-speech-what-are-the-12-demands-given-to-iran (accessed on 12 January 2021).

15 "President Trump Withdraws the United States from the Iran Deal and Announces the Reimposition of Sanctions," op. cit., p. 520.

よる脱退表明の当日、「JCPOAに対し引き続きコミットする」ことを強調する共同声明を発し、IAEAによればイランはJCPOAを引き続き遵守しているのであるから、JCPOAへの参加を続けるとし、同時にイランに対して、「アメリカの決定に対する反応を自制するよう(show restraint)」求めた[16]。

他方、イランのザリフ外相は、2日後の5月10日付グテーレス国連事務総長宛書簡において、トランプ大統領による決定と覚書を「安保理決議2231の明白な違反(clear non-compliance)」であり、国際法と国連憲章の完全な無視であって、非妥協と違法を奨励するものとして非難した[17]。同日、イランは、JCPOA合同委員会のコーディネーター（EU外務安全保障政策上級代表）宛書簡によって、JCPOA第36項に基づく紛争解決メカニズムを開始した[18]。その後2019年4月には、アメリカによるイラン革命防衛隊の外国テロ組織としての指定などに対して、ザリフ外相がNPTからの脱退を「選択肢の1つ」と発言するなどしている[19]。

さらに、アメリカによる脱退からまる1年が経過した2019年5月8日、イランの最高国家安全保障会議(SNSC)は声明を発して、イラン国民の安全と国益を守るため、JCPOA第26項および第36項の権利[20]を行使して、同日より

16 "Joint Statement from Prime Minister Theresa May, Chancellor Angela Merkel and President Emmanuel Macron Following President Trump's Statement on Iran," 8 May 2018, at https://www.gov.uk/government/news/joint-statement-from-prime-minister-may-chancellor-merkel-and-president-macron-following-president-trumps-statement-on-iran (accessed on 29 December 2020). これとは別にEUも、翌日、同旨の宣言を発している。"Declaration by the High Representative on behalf of the EU following US President Trump's Announcement on the Iran Nuclear Deal (JCPOA)," at https://www.consilium.europa.eu/en/press/press-releases/2018/05/09/declaration-by-the-high-representative-on-behalf-of-the-eu-following-us-president-trump-s-announcement-on-the-iran-nuclear-deal-jcpoa/ (accessed on 29 December 2020).

17 UN Doc. A/72/869-S/2018/453, 22 May 2018, Annex, p. 2.

18 UN Doc. S/2020/814, op. cit., p. 8.

19 "Iran Says Leaving Nuclear Treaty One of Many Options after U.S. Sanctions Move," *Reuters*, 28 April 2019. See also "The State Department Designates Iran's Islamic Revolutionary Guards Corps as a Foreign Terrorist Organization," *American Journal of International Law*, Vol. 113, No. 3 (July 2019), p. 609.

20 JCPOA第26項において、イランは、制裁が復活するなどの場合には、JCPOAに基づく自国の約束の全部または一部の履行を終了する根拠として扱う旨を表明していた。JCPOA, para. 26. See also ibid., para. 37. またJCPOA第36項は、JCPOAにかかる紛争が紛争解決メカニズムによっ

JCPOAに基づくイランの措置の一部を停止する命令を発したことを明らかにし、同時に、アメリカによる制裁を埋め合わせるメカニズムが設定されない限り[21]、今後段階的にJCPOAにおける約束を縮小していく旨を表明した[22]。

具体的には、まず2019年5月に第1段階として、低濃縮ウランの貯蔵量300kgの上限を撤廃し[23]、7月には第2段階として、ウラン濃縮度の上限3.67%を撤廃した[24]。その後9月には第3段階として、JCPOAにおける研究開発活動の制限に拘束されないことを決定し[25]、11月には第4段階として、フォルドウ

て原告の満足のいく形では解決せず、かつ原告がその問題を重大な不履行であると考える場合には、原告はその問題をJCPOAに基づく約束の全部または一部の履行を終了する根拠とすることができると規定している。Ibid., para. 36. イランによれば、アメリカによる脱退表明からの1年のあいだに紛争関連で合同委員会が2回開催されたという。"Iran Stops Some of its Measures under JCPOA/We are No Longer Committed to Limitations on Keeping Enriched Uranium, Heavy Water Deposits/60-day Deadline to Remaining Parties to Live Up to Their Commitments, esp. in Banking, Oil Sectors," at http://president.ir/en/109588 (accessed on 29 December 2020).

21 EUは2019年1月に、アメリカの制裁を迂回する形で、ドル以外かつSWIFTを通さない取引を促進するための金融システム（Instrument in Support of Trade Exchanges: INSTEX）をフランスに設立したが、取引品目が人道支援物資に限られているなど不十分であると批判されたし、実際の取引が行われたのも2020年3月になってからであった。Hugo Veazey, "Instrument in Support of Trade Exchanges (INSTEX)," 12 August 2020, at https://rdc.com/sanctions-screening/blog/instrument-in-support-of-trade-exchanges-instex/ (accessed on 31 January 2021); UK Foreign and Commonwealth Office, "INSTEX Successfully Concludes First Transaction," 31 March 2020, at https://www.gov.uk/government/news/instex-successfully-concludes-first-transaction (accessed on 31 January 2021).「イラン：INSTEXを通じた初の貿易取引実現とその意義」『中東かわら版』2020年4月2日。

22 "Iran Stops Some of its Measures under JCPOA/We are No Longer Committed to Limitations on Keeping Enriched Uranium, Heavy Water Deposits/60-day Deadline to Remaining Parties to Live Up to Their Commitments, esp. in Banking, Oil Sectors," op. cit.

23 IAEAは2019年7月1日、イランの3.67%までの低濃縮ウラン保有量が205kgとなり、JCPOAの上限（202.8kg）を超えたことを明らかにした。IAEA Doc. GOV/INF/2019/8, 1 July 2019, paras. 2-3.

24 イランは2019年7月8日、ウランの濃縮度が約4.5%になったことをIAEAに通報し、IAEAも同日、濃縮度が3.67%を超えたことを検認した。IAEA Doc. GOV/INF/2019/9, 8 July 2019, para. 2.

25 イランのロウハニ大統領は2019年9月5日、JCPOAに基づく研究開発に関するすべての約束は完全に撤廃されると表明した。IAEA Doc. GOV/INF/2019/10, 8 September 2019, para. 2. その後、実際に研究開発が開始された。IAEA Doc. GOV/INF/2019/12, 26 September 2019, paras. 4-6.

の地下施設でのウラン濃縮を再開した[26]。さらに2020年1月5日には、米軍によるスレイマニ革命防衛隊司令官の殺害(1月3日)などを受けた第5段階の措置として、もはやJCPOAの制限には拘束されない旨を表明するに至った(ただし、この段階ではIAEAの査察は引き続き受けるとしていた)[27]。

最後のJCPOAの制限に拘束されないという宣言は、JCPOAからの脱退を意味するようにも見えるが、そうは言っていない[28]。当初の段階からJCPOAの第26項と第36項を援用しつつ履行しないとしていることからも推測されるように、イランはあくまでJCPOAの規定に従って行動しており、アメリカとは異なりJCPOAに留まっているといえる。JCPOAからの脱退は、(その後の安保理のプロセスはあるものの)イランによる核関連資機材の調達の決定を行う合同委員会からの脱退をも意味するのであり、また、E3/EUを含む国際社会との関係を考えた場合にも、イランにとってむしろマイナスであるとの判断であろう。

以上の結果、2021年2月現在、イランの低濃縮ウランの貯蔵量はウラン換算で2967.8kg(そのほとんどは濃縮度5%までのもの)となり[29]、JCPOAの上限の約15倍に達している。科学国際安全保障研究所(ISIS)の試算によると、これによってイランのブレイクアウト・タイムは3.1か月になったとされ[30]、濃縮ウランの量は核兵器2発分に相当する。他方でイランは、JCPOAに従う形で、アラクにおける当初の設計に基づく重水炉の建設は行っていないし、再処理関連の

26　イランは2019年11月9日、JCPOA附属書I第45項に違反してフォルドウにおけるウラン濃縮を開始した。IAEA Doc. GOV/2019/55, 11 November 2019, para. 15.

27　"Iran Will No Longer Abide by Nuclear Deal Limits," *DM*, 5 January 2020, at https://www.dw.com/en/iran-will-no-longer-abide-by-nuclear-deal-limits/a-51894168 (accessed on 20 January 2021). Kelsey Davenport, "Europe Seeks to Avoid UN Iran Sanctions," *Arms Control Today*, Vol. 50, No. 2 (March 2020), p. 28.

28　イランは、2019年5月にJCPOA遵守の縮小を表明した際にも、JCPOAから脱退するのではない旨を強調していた。Kelsey Davenport, "Iran Threatens to Breach Nuclear Deal," *Arms Control Today*, Vol. 49, No. 5 (June 2019), p. 27.

29　IAEA Doc. GOV/2021/10, 23 February 2021, paras. 40-41.

30　David Albright, Sarah Burkhard, and Andrea Stricker, "Analysis of IAEA Iran Verification and Monitoring Report," Institute for Science and International Security, 25 February 2021, p. 2.

活動も行っていない[31]。これが、最近までのイランにおける核関連活動の現状である（直近の動向については「おわりに」参照）。

31 IAEA Doc. GOV/2021/10, op. cit., paras. 15, 17.

VI. アメリカによる国連制裁復活（スナップバック）の試み

1. 武器禁輸決議の不発とアメリカによるスナップバック手続の援用

JCPOAの規定ではないが、決議2231に附属書Bとして添付されたE3/EU+3による「声明」に含まれており、決議2231によって法的拘束力を付与された規定として、イランに対する武器禁輸の問題がある。それによると、JCPOAの採択日から5年後（またはIAEAがイランについて拡大結論を確認する報告を提出する日のいずれか早い日[1]）までのあいだ適用される制度として、戦車、戦闘用航空機、軍用艦艇、ミサイルなど国連通常兵器登録制度の対象となっている大型通常兵器（大型武器）または関連物資のイランへの移転について、安保理によるケースごとの事前承認を必要とするものとされており、また、同じ期間、同様の手続の下で、「武器または関連物資」のイランからの調達を原則として防止するものとされていた[2]。言い換えれば、採択日から5年後の2020年10月18日には、こ

1 イランについて、IAEAの拡大結論は出されていない。

2 UN Doc. S/RES/2231(2015), op. cit., para. 7(b); ibid., Annex B (Statement), paras. 5, 6(b). これらの大型武器および関連物資のイランへの「移転」と、あらゆる武器および関連物資のイランからの「調達」については、それぞれ安保理決議1929と1747において禁止されていた。UN Docs. S/RES/1929(2010), op. cit., para. 8; S/RES/1747(2007), op. cit., para. 5.

うした武器禁輸の原則が解除されることになっていたのである。

そこでアメリカは、イランに対する武器禁輸等を継続するための決議案[3]を提出し、2020年8月14日に表決に付されたが、2(米、ドミニカ共和国)対2(中露)棄権11で否決された[4]。この否決を受けて、アメリカは、JCPOAに定める国連制裁の復活(スナップバック)手続を実行に移すことになるのである[5]。

アメリカは、2020年8月20日に次のような内容の書簡を安保理議長宛に送り、スナップバックの手続を開始した。すなわち、安保理決議2231の第11項に従い、イランが「JCPOAに基づく約束の重大な不履行」を犯していることを安全保障理事会に「通報」するとした上で、この通報により、安保理決議2231の第11項および第12項に定めるプロセスが開始され、同決議第7項(a)の下で終了させられていた措置(国連制裁)が再度課されることになる、と述べた。同時に、アメリカによるこの通報は、イランによる重大な不履行を是正するための加盟国による相当な努力の後にのみ行われたとして、E3諸国によるJCPOA合同委員会へのイランの違反問題の付託などに言及し、にもかかわらずイランの重大な不履行が継続したので、他に選択肢がなく安保理に通報したと述べた。その上で、イランによる「重大な不履行」とされる内容(濃縮度の3.67%超え、濃縮ウランの貯蔵量の300kg超えなど)を列挙した[6]。

上記E3諸国によるイランの重大な不履行の合同委員会への付託については、若干の補足説明が必要であろう。E3諸国は、2020年1月14日にイランによるJCPOA違反を解決すべくJCPOAの合同委員会に問題を付託した。E3諸国の

3 UN Doc. S/2020/797, 17 August 2020. 決議案は、「声明」の第5項、第6項(b)および(e)について「安全保障理事会が別段の決定を行うまで」のあいだ適用を継続することを決定するというものであった。なお、「声明」の第5項および第6項(b)は武器禁輸を、第6項(e)は1737委員会が指定した個人等の入国・通過の防止を定めている。

4 UN Docs. S/2020/803, 17 August 2020; S/2020/805, 17 August 2020.

5 フック国務省イラン担当特別代表は、2020年5月の段階ですでに、武器禁輸継続との関係で、もしアメリカ外交が拒否権によって阻止されるならば、スナップバック手続に訴えることを示唆していた。Brian Hook (Special Representative for Iran and Senior Policy Advisor to the Secretary of State), "We're Ready to 'Snap Back' Sanctions," *Wall Street Journal*, 13 May 2020. See also Julian Borger, "US Sees Embarrassing UN Defeat over Iran Arms Embargo Proposal," *Guardian*, 15 August 2020.

6 UN Doc. S/2020/815, 24 August 2020.

JCPOAに対する態度(アメリカの脱退にも拘らずJCPOAを存続させたい)と、JCPOAの紛争解決メカニズムが究極的には国連制裁の復活(それはJCPOAの消滅につながりかねない)を見据えていることを想起すれば、なぜE3諸国がこうした行動に出たのか訝しいかもしれない。しかし、EUのボレル外務安全保障政策上級代表によると、三国が紛争解決メカニズムを開始させた動機は、まさにJCPOAの維持にあったとされる。すなわち、紛争解決メカニズムの時間枠を利用することによってその進展を継続的に遅らせ、それによってイランの違反問題が安保理に付託されて制裁が復活することとならないようにすることが意図されていたというのである[7](もちろんE3諸国にはイランにJCPOAの遵守を求める意図もあった[8])。アメリカは、安保理決議2231が制裁復活手続に関連して、JCPOA参加者に対しJCPOAの履行に関して生ずる問題をJCPOAに定める手続を通じて解決するよう「奨励」している(第10項)ことを意識して、このE3による(異なる意図を含むものであったにも拘らず)合同委員会への問題の付託に言及したのではないかと思われる。

いずれにせよ、E3諸国を含むJCPOAの参加者[9]とアメリカとの立場の相違はまさに対照的であった。2020年8月20日のアメリカによるスナップバック手続の開始に対して、E3諸国は同日に安保理の議長に書簡を送り、「アメリカは2018年にJCPOAの参加者であることをやめたのであるから」その通報は無効であると主張した[10]。同様に、他のJCPOA参加国であるロシアと中国も、「合衆国は2018年に自らの意思で正式にJCPOAから脱退したのであるから……第11項を含む決議2231に規定する手段を利用する権利を失っている[11]」(ロシア)、

---

7 Davenport, "Europe Seeks to Avoid UN Iran Sanctions," op. cit., p. 27.

8 UN Doc. S/2020/837, 28 August 2020, pp. 16 (France), 18 (Germany), 32 (UK).

9 2020年9月1日開催の合同委員会（アメリカを除くJCPOA参加国等が参加）では、アメリカはJCPOA参加国と考えることができず、安保理決議2231に基づく国連制裁の復活プロセスを開始することはできないことが再確認されている。"Chair's Statement Following the 1 September Meeting of the Joint Commission of the Joint Comprehensive Plan of Action," 1 September 2020, at https://eeas.europa.eu/headquarters/headquarters-homepage/84643/chairs-statement-following-1-september-meeting-joint-commission-joint-comprehensive-plan_en (accessed on 31 December 2020).

10 Kelsey Davenport, "Nations Rebuff U.S. on Iran," *Arms Control Today*, Vol. 50, No. 7 (September 2020), p. 25.

11 UN Doc. S/2020/816, op. cit., pp. 1, 6.

「合衆国はもはやJCPOAの参加者(participant)ではない[のであるから]、スナップバックのメカニズムが援用されたと考えてはならない[12]」(中国)と主張した。イランは8月20日に長文の事実と法に関する見解を安保理に送付して、アメリカによるJCPOAからの脱退と制裁の復活を決議2231の重大な違反として非難すると共に、アメリカはJCPOAへの参加を終了しており、アメリカによる「通報」は安保理決議2231の手続を濫用したもので、アメリカにスナップバックの権利はないと主張した[13]。

他方でアメリカのポンペオ国務長官は、「通報」から30日が経過した2020年9月19日に、「合衆国は、本日、以前終了していたイラン・イスラム共和国に対する事実上すべての国連制裁が復活したことを歓迎する[14]」と述べた。これに対してE3の外相は、翌日、共同声明を発して、「アメリカは2018年5月8日に合意から脱退した後[JCPOA]の参加者ではなくなった」のであり、その結果「[安保理決議]2231の第11項に基づく通報の意図は法的な効果を生ずることができない」と主張した[15]。こうしてアメリカはスナップバックは機能していると主張し、他の関係国はそれを拒否するという、「不思議の国の安保理」[16]の様相を呈することとなったのである。

2020年8月に安保理の議長を務めたインドネシアは、理事国と協議し、多くの理事国から書簡を受領した後、一理事国がこの問題に関して特殊な立場をとり、相当数の理事国は異なる見解をとっていることは明らかであるから、「安保理にはコンセンサスがなく、したがって議長はさらなる行動をとる立場には

12 UN Doc. S/2020/837, op. cit., p. 10. See also UN Doc. S/2020/817, op. cit., p. 1. 中国は、すでにアメリカによるJCPOA脱退の時点で、アメリカは脱退してもはや参加者(participant)でなくなったのであるから、スナップバックを要求する権利を失ったと主張していた。UN Doc. S/2020/517, 8 June 2020, p. 2.

13 UN Doc. S/2020/814, op. cit., pp. 2, 9.

14 Mickael R. Pompeo, "Press Statement: The Return of UN Sanctions on the Islamic Republic of Iran," 19 September 2020.

15 "Iran – JCPOA – Joint Statement by the Foreign Ministers of France, Germany and the United Kingdom," 20 September 2020, at https://www.diplomatie.gouv.fr/en/country-files/iran/news/article/iran-jcpoa-joint-statement-by-the-foreign-ministers-of-france-germany-and-the (accessed on 30 December 2020).

16 Borger, "US Sees Embarrassing UN Defeat over Iran Arms Embargo Proposal," op. cit.

ないと考える」と述べた[17]。9月の議長国であるニジェールも10月の議長国であるロシアも同様の立場をとった[18]。「さらなる行動」とは、決議2231の第11項にいう議長による決議案の提出などを意味するものと思われる。

2. アメリカによる法的正当化

右の2つの対立する主張は、一見して明らかにアメリカの主張の方が説得力を欠いている。スナップバックの前提としての制裁解除を継続する旨の決議案の否決という事実がないという一事からして、そういうほかない。さらにそれ以前の問題として、安保理理事国の大勢も、アメリカはJCPOAの参加者ではないので、スナップバックの手続を援用する権利を失っており、その行為は無効であると主張していた[19]。学説上も同様の意見が強い[20]。

17 UN Doc. S/2020/837, op. cit., p. 20 (Indonesia as the President). See also "UNSC Dismisses US Demand to Impose 'Snapback' Sanctions on Iran," *Aljazeera*, 25 August 2020, at https://www.aljazeera.com/news/2020/8/25/unsc-dismisses-us-demand-to-impose-snapback-sanctions-on-iran (accessed on 31 December 2020); Weller, "The Controversy about the Iranian Nuclear Sanctions Snapback," op. cit. インドネシアは一理事国としては、「合衆国は包括的共同作業計画から脱退したのであるから、決議2231に基づくスナップバックのメカニズムを援用することはできない」「合衆国の送った書簡は決議2231の第11項の意味における通報と考えることはできない」という立場であった。UN Doc. S/2020/824, 24 August 2020, p. 1.

18 "Niger Rejects U.S. Bid to Restore UN Sanctions on Iran," *Tehran Times*, 4 September 2020, at https://www.tehrantimes.com/news/452003/Niger-rejects-U-S-bid-to-restore-UN-sanctions-on-Iran (accessed on 31 December 2020); Michelle Nichols, "New Council President Stands by Dismissal of U.S. Sanctions Move on Iran," *Reuters*, 2 September 2020. United Nations, "Programme of Work of the Security Council – Press Conference（1 October 2020）," at http://webtv.un.org/search/programme-of-work-of-the-security-council-in-october-press-conference-1-october-2020/6196603302001/?term=&lan=english&page=16（accessed on 22 April 2021）.

19 See, e.g., UN Docs. S/2020/817 (China), op. cit.; S/2020/828 (Russia), op. cit.; S/2020/821 (Niger, Saint Vincent and the Grenadines, South Africa, and Tunisia), 26 August 2020; S/2020/824 (Indonesia), 24 August 2020; S/2020/839 (Belgium, Estonia, France and Germany), 26 August 2020; S/2020/837, op. cit., pp. 8 (Belgium), 10 (China), 14 (Estonia), 16 (France), 18 (Germany), 24 (Russia), 26 (Saint Vincent and the Grenadines), 28 (South Africa), 32 (UK), 37 (Viet Nam). See also UN Doc. S/2020/1244, 17 December 2020, paras. 19-42. 安保理の15か国中アメリカとドミニカ共和国を除く13か国が、アメリカにはスナップバックを開始する権利はないとの立場であった。Michelle Nichols, "Thirteen of 15-Member U.N. Security Council Oppose U.S. Push for Iran Sanction," *Reuters*, 21 August 2020.

20 "Note on the United States' Claim to Activate the Snapback Mechanism under Security Council

では、アメリカはいかにしてその主張を法的に正当化したのであろうか。アメリカは2020年8月21日付の国連事務総長宛の書簡に添付して、「合衆国は安保理決議2231に基づいてスナップバックを開始する明確な権利を有する」と題する文書を送付した。それによるとアメリカがスナップバックを開始した法的根拠は次のような点にあるとされる[21]。

第1に、決議2231で設定された「JCPOA参加者(JCPOA participants)」という用語は、「内容において確定しており、時を超えて固定して(fixed in content and fixed over time)」おり、アメリカを含むそこで特定された国に対して、スナップバックを開始する権利を与えているという[22]。すなわち、決議2231の第10項は「JCPOA参加者」を定義しているが、そこでは「合衆国」がJCPOA参加者の1つとして明記されている。また、同決議の第11項はスナップバックを開始するための要件を定めているが、その要件とはJCPOA参加国が安保理に対してJCPOAに基づく約束の「重大な不履行」と考える問題を通報することである[23]。そこにおいて、現にJCPOAに参加しているとか、JCPOAの約束を完全に履行しているといった要件を課すことは可能であったが、そのような追加の要件は課されていない。実際、第11項はEUを除外する形で、主体の点では要件を厳しくしている[24]。安保理の定義した用語の意味を変え、安保理が創設した権利を変えるのは、安保理が後の決議を採択することによってのみ可能である、とする[25]。

第2に、決議2231の採択後の事態は、アメリカがスナップバックを開始する権利に影響しないという。すなわち、JCPOAの下における「非拘束的な政治

Resolution 2231," 28 August 2020, at https://voelkerrechtsblog.org/wp-content/uploads/2020/09/Legal-Note-signatures-updated-4-September-2020.pdf (accessed on 31 December 2020). 世界の12名の国際法学者が署名したこの覚書には筆者も当初から参加している。その後、9月4日までに22名が署名している。

21 UN Doc. S/2020/822, 24 August 2020.

22 Ibid., p. 2.

23 Ibid., para. A.1.

24 Ibid., para. A.2.

25 Ibid., para. A.3.

的約束（non-binding political commitments）」は、決議2231に基づきスナップバックを開始する「法的権利（legal right）」とは別物（separate and distinct）であるとした上で[26]、JCPOAからの脱退の宣言は、非拘束的な政治的取決めであるJCPOAに対してのみ効果を有するのであり、法的には、決議2231にも、同決議に基づくアメリカのスナップバックの権利にも効果を及ぼすことはできない、とする[27]。

以上のような説明は、一言でいえば詭弁の類であろう。第1に、いったん安保理決議で定められた定義を変更するには新たな安保理決議が必要である、との一般論の正しさは否定できないが、安保理決議で定められた定義はいかなる意味でも確定して固定され、その後の状況の変化の影響をまったく受けないというのは誤りである。安保理決議でいったん定められた定義であっても、後の事態の変化によって影響を受けることはある。「JCPOA参加者」の定義はまさにそのようなものである。ラリー・ジョンソン元法務担当国連事務次長補が述べるように[28]、決議2231の第10項における「合衆国」への言及は、純粋に事実の記述（descriptive）であって、事実の問題として、決議採択時の参加者を列記しているに過ぎない。

安保理決議の解釈は、必ずしも条約解釈と同一の規則に従う訳ではないが、条約法条約の解釈規則は安保理決議の解釈においても指針（guidance）を提供するとされる（ICJのコソボ事件勧告的意見）[29]。決議2231の第11項にいう「JCPOA参加国（JCPOA participant State）」を「文脈によりかつその趣旨及び目的に照らして与えられる通常の意味」（条約法条約第31条1項）に解釈するならば、それは当然、JCPOAに参加している国を意味するということになるであろう。条約と安保理決議の解釈規則の違い[30]を考慮しても、この点に異論はあるまい。アメリカ

26　Ibid., para. A.

27　Ibid., p. 2; ibid., para. B.2.

28　See https://twitter.com/MarkTFitz/status/1296221037684838402 (dated 20 August 2020) (accessed on 31 December 2020). See also UN Doc. S/2020/814, op. cit., p. 5.

29　*Accordance with International Law of the Unilateral Declaration of Independence in Respect of Kosovo*, Advisory Opinion, *ICJ Reports 2010*, para. 94.

30　安保理決議と条約の相違から、安保理決議の解釈には他の要素も考慮する必要があるとさ

は2018年5月8日にJCPOAからの脱退を表明したが、その日にトランプ大統領が署名した大統領覚書にも、「合衆国によるJCPOAへの参加の終了（Ending United States Participation in the JCPOA）」（傍点引用者）と明記されている[31]。アメリカのJCPOAへの参加が終了した点は、国際司法裁判所においてアメリカ自身によって明言されてもいる[32]。参加を終了した国が「参加国」であるとする解釈は、いかなる解釈手段を駆使しても到達することのできない結論というほかない。自国を含む国を列挙する「参加者（participants）」の定義を変更する安保理決議がないので自国は「参加国（participant State）」であるとする主張は、国連憲章第23条が改正されていないので、中華民国（台湾）はいまなお安保理の常任理事国であるというに近い響きがある。

第2の主張についていえば、JCPOAと決議2231は法的性格を異にする別文書であるのは確かである。その点は、決議2231によってJCPOAに全体として法的拘束力が付与されていないことからも確認できる。しかし、法的性格が異なるから両者が無関係であると考えるのは誤りである。実際、条約の解釈において考慮される「後にされた合意」や「後に生じた慣行」による合意が、必ずしも法的拘束力のあることを要しない点は、国連国際法委員会（ILC）によっても確認されている[33]。法的拘束力のない文書や行動も、条約の解釈（そして同様に

れ、安保理決議は単一の集合体によって発出され、条約締結とは異なる過程を経て起草されること、安保理決議は投票プロセスの産物であり、機関としての安保理の見解を表現したものであることが指摘される。また安保理決議の解釈には、採択時における理事国代表の発言、同一の問題に関する他の安保理決議、関連国連機関や決議によって影響を受ける諸国の後の慣行の分析が必要かもしれない、とされる。Ibid., para. 94.

31 "Ceasing U.S. Participation in the JCPOA and Taking Additional Action to Counter Iran's Malign Influence and Deny Iran All Paths to a Nuclear Weapon," op. cit., Sec. 2.

32 アメリカ側弁護団のグロシュ国務省法律顧問補（Lisa J. Grosh, Assistant Legal Adviser）による「アメリカのJCPOAへの参加終了の決定」への言及参照。ICJ, *Alleged Violations of the 1955 Treaty of Amity, Economic Relations, and Consular Rights* (*Islamic Republic of Iran v. United States of America*), CR/19, 30 August 2018, para. 25.

33 ILCが2018年に採択した「条約の解釈に関する後にされた合意および後に生じた慣行に関する結論」の結論10は、「[条約法条約第31条3項(a)および(b)にいう］合意は、それが考慮されるためには、……必ずしも法的に拘束的なものである必要はない」とする。UN Doc. A/73/10, 2018, p. 75, Conclusion 10, para. 1.

安保理決議の解釈）に影響を及ぼすのである。

JCPOAは決議2231の採択を予定しており、決議の採択が基本的にJCPOAの発効の前提とされていた。また、決議2231にはJCPOAを前提とした規定が多数含まれており、その第16項〜第20項には「JCPOAの履行」というタイトルまで付されている。両者は相互に連結（intertwine; interconnect）しているのである[34]。もちろん両者が内容的に完全に一致しているかについては個々の規定を精査する必要があるが、両者は「別物（separate and distinct）」であるとして、JCPOAにかかる事態が決議2231にまったく影響を与えないとするのは正しくない。そして、ある国が決議2231の第11項にいう「JCPOA参加国」であるか否かは、JCPOAを離れては決定できないのである。

アメリカのボルトン前国家安全保障担当大統領補佐官も、現役の補佐官時代に（JCPOAから脱退した日の記者会見で）「我々は［イラン核］合意から出たのであるから、［決議2231］は使わない[35]」と述べていたし、また退職後も、上記のアメリカの主張は「法的に誤りである（incorrect legally）」と断じている[36]。

なお、アメリカの主張に対する追加的な反論として提起されることがあるのが、イランとロシアの援用した信義誠実の原則と「クリーン・ハンズ（clean hands）」の原則である[37]。それが国際法上の原則として確立しているといえるか否かは別として[38]、クリーン・ハンズの原則とは、「違法な行為を行った国は、

34　Pickering and Luers, "What You Need to Know about 'Snapback': Political Significance and Legal Problems," op. cit., pp. 3, 5. Cf. UN Doc. S/2020/816, op. cit., p. 3.

35　White House, "Press Briefing by National Security Advisor John Bolton on Iran," 8 May 2018, at https://www.whitehouse.gov/briefings-statements/press-briefing-national-security-advisor-john-bolton-iran/ (accessed on 31 December 2020).

36　John Bolton, "Trump Is Bringing the Iran Nuclear Deal Back to Life," *Bloomberg*, 26 August 2020, at https://www.bloomberg.com/opinion/articles/2020-08-26/trump-helps-biden-by-bringing-the-iran-nuclear-deal-back-to-life (accessed on 31 December 2020).

37　UN Docs. S/2020/814 (Iran), op. cit., pp. 6, 7; S/2020/816 (Russia), op. cit., pp. 4-6.

38　この原則は、これまで国際裁判においてしばしば援用されているが、少なくともICJにおいて適用された例はない。Stephen M. Schwebel, "Clean Hands, Principle," Rüdiger Wolfrum (ed.), *Max Planck Encyclopedia of Public International Law*, Vol. II (Oxford U.P., 2012), pp. 232-235; James Crawford (ed.), *Brownlie's Principles of Public International Law*, 9th ed. (Oxford U.P., 2019), p. 675, n. 67; UN Doc. A/CN.4/546 (Dugard's Sixth Report on Diplomatic Protection), 11 August 2004, paras. 5-6.

他の国の側における対応する違法について異議申立てを行うに必要な司法上の原告適格（*locus standi in judicio*）を奪われることがある」（フィッツモーリス）という原則である[39]。また、英米法上は、「信義誠実などの衡平原則に違反した当事者は、衡平な救済を求めまたは衡平な防禦を主張することができない」という原則である[40]。イランもロシアも、明示的には「クリーン・ハンズ」の原則に言及してはいないが、両国が援用するICJのナミビア事件勧告的意見の一節（「自らの義務を否認しまたは履行しない当事者は、その関係から生ずると主張する権利を保持しているとは認めることができない」）からして[41]、その主張は同原則を念頭に置いてなされたと理解することができるであろう。

この原則の本件への当てはめについていえば、アメリカはJCPOAを脱退しているのであるから、JCPOAに基づく異議申立てを行うことができないのは当然であるし、決議2231との関係においても、上述のように、アメリカは「JCPOA参加国」ではないので、スナップバックの手続を援用することができないのは（クリーン・ハンズの原則を援用するまでもなく）当然である。また、厳密に法的にいえば、JCPOAは法的な合意ではないことに加えて、アメリカがJCPOAや決議2231に違反したかといえば、アメリカによる（JCPOAが終了させ

39 Gerald Fitzmaurice, "The General Principles of International Law Considered from the Standpoint of the Rule of Law," *Recueil des Cours*, tome 92 (1957-II), p. 119.

40 "Clean-hands Doctrine," in *Black's Law Dictionary*, 10th ed. (Thomson Reuters, 2014), p. 306. 田中編集代表『英米法辞典』151頁によれば、「clean hands」とは、「当該の事案に関連して原告側に良心に反する行為、信義誠実を欠く行為、その他衡平の原理にもとる行為がある場合には、たとえこのような行為がなければ原告の主張に正当性が認められる場合であっても、救済を拒否する」という原則とされる。

41 UN Docs. S/2020/814 (Iran), op. cit., p. 7; S/2020/816 (Russia), op. cit., pp. 5-6; *Legal Consequences for States of the Continued Presence of South Africa in Namibia (South West Africa) notwithstanding Security Council Resolution 276(1970)*, Advisory Opinion, *ICJ Reports 1971*, para. 91. Voir aussi Opinion individuelle de M. Hudson, *Affaire des prises d'eau à la Meuse*, 1937, *CPJI, série A/B*, No. 70, p. 77. See also Pickering and Luers, "What You Need to Know about 'Snapback': Political Significance and Legal Problems," op. cit., p. 8. なお、ロシアは、アメリカによるJCPOAからの脱退表明の時点においてすでにナミビア事件勧告的意見に言及しつつ、「アメリカは、安保理決議2231に違反し、包括的共同作業計画の履行を拒否したのであるから、同決議の特に第11項～第13項に定めるメカニズムを利用する可能性を失った」と述べていた。UN Doc. S/2020/451, op. cit., pp. 3-4.

た）制裁の復活はJCPOAからの脱退後のことであり[42]、また決議2231は国連加盟国にJCPOAの履行を支持するために適当な行動をとるよう「要請」しただけであって、そのことを法的に義務づけてはいないのであるから、必ずしもアメリカが「違法な行為」を行ったとはいえない。したがって、クリーン・ハンズの原則を本件に当てはめる必要はないだけでなく、現在のアメリカの地位からして、厳密に法的な観点からこの原則を本件に当てはめることができるかといえば、そこに疑問がなくはない。

とはいえ、JCPOAから脱退してその約束の内容を無視する行動をとることと、JCPOAに留まってそれに違反することとの間に、（とりわけ違反の対象となった国にとっては）実質的に異なるところはないともいえる。また、クリーン・ハンズの原則を広義に捉えて、英米法上の衡平の原則との関係でいえば、アメリカの行為が衡平の原則にもとるのは明らかであろう。同じことは、イランやロシアの主張した「信義誠実」の原則（信義則）との関係でもいえる。ただ、信義誠実の原則は、それ自体として国際法上の権利義務の源泉となるものではなく、既存の国際法規則の背景となるべき原則に過ぎない[43]。そうした意味からは、これらの主張は、法的にはあくまで補足的な位置づけを与えられるに留まるといわざるを得ない。

3. アメリカの行動への疑問

以上のようなアメリカの主張の不可思議さに加えて、アメリカのとった行動にも理解困難なところがある。第1に、なぜアメリカは、まずスナップバック手続によって制裁を復活させ、しかる後にJCPOAから脱退するという手順をとらなかったのか。第2に、なぜアメリカは、決議2231に従った権利の行使

42　脱退当日に発出された大統領覚書は、国務長官と財務長官に対して、「JCPOAに関連して解除ないし放棄されていた合衆国によるすべての制裁の復活のための措置を直ちに開始するよう」命じていた。"Ceasing U.S. Participation in the JCPOA and Taking Additional Action to Counter Iran's Malign Influence and Deny Iran All Paths to a Nuclear Weapon," op. cit., Sec. 3.

43　Malcolm N. Shaw, *International Law*, 7th ed. (Cambridge U.P., 2014), p. 74.

といいながら、決議第 11 項に従ったイランによる重大な不履行の「通報」を行った後に、同項に定める「[制裁の] 終了の効果を継続させる」旨の安保理決議案を提出しなかったのか[44]。第 3 に、トランプ大統領は 2018 年 5 月の JCPOA からの脱退と同時に、解除していた制裁の復活のための措置を直ちにとるよう命じたにも拘らず[45]、なぜ、さらに国連制裁の再開のためのスナップバック手続にこだわったのか。

第 1 の疑問(なぜ脱退前にスナップバックを求めなかったのか)には、上記のアメリカによる説明を基礎とすれば、次のように回答することができるであろう。すなわち、アメリカは JCPOA からの脱退後にも決議 2231 に基づいてスナップバックを開始することができると理解していたので、順番は問題とはならないと考えたということであろう。もちろんこれは、関係する事実と主張を整合的に理解するとすればそのようになるというだけであって、実際にはアメリカは、スナップバック手続を援用することなく JCPOA から脱退するという戦略的な誤りを犯したのであって、誤りに気づいた時にはすでに手遅れで、そのため上記のような極めて疑わしい法論理を捻出したというのが実情であろう。性急な脱退は、トランプ大統領の強い反 JCPOA 感情が深慮なく脱退へと直結したということであろう。またイランのいうように[46]、イラン政府の崩壊か、その屈服か、イランによる同様な JCPOA からの脱退を狙ったものであったのかもしれない。

第 2 の疑問(なぜ決議案を提出しなかったのか)については、次のように考えることができる。アメリカはイランの重大な不履行について安保理に「通報」したのであるから、決議 2231 によれば、アメリカは国連制裁の終了を継続する決議案を提出し、それに対して拒否権を行使して、国連制裁の復活という目的

---

44 実際、ニジェール(2020 年 9 月の安保理議長国)のアバリ大使も、制裁終了の継続に関する決議案提出の可能性を否定すると共に、他のいずれの理事国も提出できるし、アメリカも提出できると述べている。“Niger Rejects U.S. Bid to Restore UN Sanctions on Iran,” op. cit.

45 前述参照。なお、イランが示した、トランプ政権下の 2017 年 1 月〜 2020 年 8 月にアメリカが行った対イラン制裁のリストにつき、see UN Doc. S/2020/814, op. cit., pp. 11-21.

46 Ibid., p. 4.

を達成することができると考えていたはずである。しかし、そうはしなかった。インドネシア（2020年8月の安保理議長国）か、ニジェール（同年9月の安保理議長国）が提出すると考えていたともいわれるが[47]、両議長とも提出しなかったし、最終的にアメリカも提出しなかった。なぜか。

アメリカがインドネシアやニジェールなど安保理の議長が決議案を提出するのを期待していたというのは、恐らく事実であろう。決議2231においても、「通報」から10日以内に理事国から決議案が提出されない場合には、安保理議長が決議案を提出することが「決定」されており、議長にはそのような提出が義務づけられていたし、何よりも議長による決議案の提出が実現すれば、この問題を正式な安保理の手続に乗せることができるのであり、それによって、それまでの手続的な不備（アメリカがもはやスナップバックを援用できるJCPOA参加国ではない点）が外見上治癒したかのように見えるからである。しかし、議長は動かなかった。そのような中でアメリカ自身が決議案を提出したならば、どのような経緯を辿ることになったであろうか。

8月や9月の議長の対応からして、アメリカが決議案を提出すれば、議長が（当該決議案の提出につき決議2231に反する決議案の提出であるとする理事国からの異議申立てを受けて）規則違反の裁定を下す可能性は低くはない。もちろん規則違反という裁定にアメリカがチャレンジすることになろうが、その場合、その裁定は手続事項として即時に安保理の表決に付されることになる（安保理仮手続規則の規則30）[48]。安保理の手続事項の表決においては拒否権の制度は適用されず、9理事国の賛成投票によって決せられる（国連憲章第27条2項）が、安保理の現理事国15か国のうち、アメリカとドミニカ共和国を除く13か国がアメリカの主張に反対していることからして、アメリカのチャレンジが認められる可能性

47 Nichols, "Thirteen of 15-Member U.N. Security Council Oppose U.S. Push for Iran Sanction," op. cit.

48 Provisional Rules of Procedure of the Security Council, in UN Doc. S/96/Rev.7, 1983, p. 6, Rule 30. 規則30は、「代表者が議事手続に関する異議を提出した場合には、議長は、直ちに自己の裁定を述べなければならない。その裁定に対して異議が申し立てられた場合には、議長はその裁定を安全保障理事会の即時の表決に付さなければならない。その裁定は否決されない限り、効力を維持する」と規定する。本件のように規則違反と主張されうる決議案提出の可否をめぐる表決は手続事項であるとの規定がある訳ではないが、そのように考えることができよう。

はほぼない。そうすると、アメリカのスナップバックにかかる試みは安保理の手続において正式に拒否された、という事実が残るということになる。アメリカとしては、そのような完全な敗北よりも、正当性は疑わしいものの重大な不履行の「通報」から30日後に国連制裁の復活を一方的に宣言するとの選択肢の方がまだ「マシ」だと考えたのではなかろうか。あるいは、アメリカによる決議案提出に至る前段階の手続事項としての「議題の採択」(安保理仮手続規則の規則9)[49] の段階において、同様な過程を経るということも考えられる。実際には、むしろこちらの可能性の方が高いのかもしれない。

以上の状況は、アメリカが安保理の議長国となっても変わらないであろう。前述のように、決議2231によれば、重大な不履行の「通報」後に制裁解除継続の決議案が提出されない場合には、安保理の議長が決議案を提出するものとされているから、アメリカが議長として決議2231に従って決議案を提出したということになれば、決議に則った行為として正当性の外観を示すことができるということになろう。しかしその場合でも、そもそもその前提としての「通報」自体が無権限者によるものであるという点に問題があるのであるから、決議案提出に対して異議が申し立てられるのは必定であり、その点について手続事項として表決が行われ、上記と同様の過程を辿るということになるであろう。

可能性の問題としても、制裁解除継続の決議案は安保理議長しか提出できないというのではなく、むしろ議長による提出は予備的なものであって、いずれの理事国であれ提出できるし、何よりも「通報」を行った理事国が提出に利害を有するはずであるから、そのアメリカが議長になるまで決議案を提出しなかったのに、議長になった途端に決議案を提出するということも考え難いであろう。ここでもまた、決議案提出の前段階としての「議題の採択」の段階における否決という可能性の方が高いのかも知れない。

なお、アメリカは、決議2231の第12項にいう「決議を採択しない場合」という文言を文字通りに解して、決議案の提出の有無や表決の有無を問わず、採

---

49 Ibid., p. 2, Rule 9. 規則9は、「安全保障理事会の各会合の仮議題の最初の項目は、議題の採択とする」と規定する。

択という事実がなければ以前の制裁決議が復活する、と解しているようである[50]。しかし、そのような解釈は疑問である。もしそうであれば、制裁の終了を継続する旨の決議案を表決に付すという第11項に明記されている手続の「決定」は無意味となるのであって、条約解釈における実効性の原則（一部の文言に存在意義がなくなるような解釈はすべきでない）と同様の観点から、そのような解釈は認められないであろう。

第3の疑問（なぜ国連制裁にこだわるのか）については次のように回答できる。制裁には主として安保理決議に基づく国連の制裁と国連の枠外におけるいわゆる独自制裁（一方的制裁ともいう）とがある。両者の相違は、前者が法的拘束力を伴う安保理の「決定」の形をとる場合には、すべての国連加盟国がその履行を義務づけられ、法的拘束力を伴わない「要請」の形をとる場合であっても、形式上違法な措置の違法性を阻却する効果をもつことになるし[51]、形式上違法でない措置については法的・政治的正当性の外観を示すことになる。これに対して独自制裁の合法性に関しては、国際社会に必ずしも一致した見解がある訳ではなく、違法であるとする見解も根強い[52]。この点は、その合法性・正当性にまったく疑義がないといってよい国連制裁とは大きく異なる。

また、独自制裁の場合には、一国ないし同志国のみによる制裁となるのが通常であり、経済制裁が一般にすべての関係国が一致して実施してはじめて効

50　UN Doc. S/2020/927, 23 September 2020, p. 1.

51　この点について、浅田正彦「国際法における制裁とその法的正当化」岩沢雄司・岡野正敬編集代表『国際関係における法の支配』（信山社、近刊）参照。

52　例えば、2016年6月に中国とロシアが発出した「国際法の促進に関する共同声明」は、「一方的制裁として知られる国際法に基づかない一方的な強制措置」は「一般に承認された国際法の原則および規則の誠実な履行」に反すると述べている。"The Declaration of the Russian Federation and the People's Republic of China on the Promotion of International Law," 25 June 2016, para. 6. 中国とロシアは、イランとの関係でも独自制裁の違法性を主張している。UN Docs. S/2020/517 (China), op. cit., p. 2; S/2020/817(China), op. cit., p. 1; S/2020/451(Russia), op. cit., p. 3. ロシアは「途上国に対する政治的・経済的強制の手段としての一方的な経済的措置」と題する国連総会決議72／201（そうした措置を非難して拒否するよう国際社会に要請。130対2、棄権48で採択）に言及しつつ、その違法性を主張した。See UN Doc. A/RES/72/201, 20 December 2017, para. 2. See also UN Doc. S/PV.7488, op. cit., p. 9(Venezuela).

果があがることを想起すれば、一般論としては実効性が劣るということになろう[53]。アメリカが、アメリカによる制裁の対象となっている団体等と取引を継続する第三国の団体等に対して、いわゆる「二次制裁」として、アメリカの金融システムの利用を禁止・制限する等の措置をとることによって、後者の団体等を実質的に制裁実施の体制に組み込む試みを多用するのも、経済制裁が一部の国のみの措置では効果が限定されることの証左である。

対イラン制裁についていえば、終了していた国連制裁に含まれていた措置を多くの国が独自制裁として自発的に再開するといった可能性は(二次制裁などの圧力がない限り)あまり考えられない[54]。しかし、スナップバックによって国連制裁が再開されることになれば、その多くは国連加盟国に義務づけられた法的拘束力のある制裁であることから、仮に制裁実施に従わない国があったとしても、制裁の実施を強く求めることができるし、制裁委員会やそれを補佐する専門家パネルが復活することも、制裁実施の実効性を高めることになろう[55]。

ところで、間接強制ともいえるアメリカの二次制裁は、すでに2018年5月のアメリカによるJCPOAからの脱退後に復活しているはずであるから、にも拘らずスナップバック手続を援用したということは、二次制裁では必ずしも重要な目的を達することができていなかったことを示唆する[56]。アメリカの目的・

53　See Richard Nephew, "The Implications of an Iran Sanctions Snapback," Columbia SIPA Center on Energy Policy, 3 September 2020.

54　もちろん一般的にはアメリカの制裁に同調する国がない訳ではなく、例えば韓国は、2018年のアメリカによるJCPOAからの脱退後の制裁復活に同調して、韓国国内の銀行にあるイラン中央銀行の口座を凍結し、イランから輸入した原油の代金70億ドルを凍結する措置をとったとされる。『読売新聞』2021年1月7日。

55　See UN Doc. S/2020/927, op. cit., p. 3.

56　2018年5月のアメリカによるJCPOAからの脱退が二次制裁の復活に重点の1つがあった点、および、これに対してEU諸国が直ちにいわゆる対抗立法（EUの企業等に対して特定の外国法の域外適用に従うことを禁止する）で応じた点につき、see "President Trump Withdraws the United States from the Iran Deal and Announces the Reimposition of Sanctions," op. cit., pp. 519, 521; "Blocking Statute," at https://ec.europa.eu/info/business-economy-euro/banking-and-finance/international-relations/blocking-statute_en (accessed on 26 January 2021). もっとも、こうした対抗立法にも拘らず、アメリカの二次制裁のゆえに大部分の企業はイランから撤退したといわれる。Davenport, "Iran Threatens to Breach Nuclear Deal," op. cit., p. 28.

動機が奈辺にあったかは、スナップバックの契機となった問題が何であったかを想起すれば自ずと知ることができよう。アメリカによるスナップバック発動の直接の契機は、対イラン武器禁輸継続決議案の否決にあったのであり[57]、イランに対する武器禁輸は、主要な武器調達先であるロシアを含むすべての国連加盟国が義務づけられなければ十分に目的を達成することができないという事情があった。こうしてアメリカは、武器禁輸継続決議案が否決された後、法論理的に破綻しているとさえいえる主張まで行って、国連制裁の復活を通じて武器禁輸を確保しようとしたものと考えることができるのである。

では、その試みが失敗に終わったことは、いかなる法的な効果を持つのであろうか。この点を最後に考えてみよう。

4. スナップバック失敗の効果

アメリカによる国連制裁の復活（スナップバック）の失敗が意味するところは、端的にいって、国連制裁が復活しないということである。つまり、以前の対イラン国連制裁で課されていた措置、とりわけ「決定」の形で課されていた措置について、国連加盟国はそれらを実施する法的義務を負わないということになったのである。

では、国連制裁の復活に失敗した後に、イランに対して国連の外において独自制裁を実施することは認められるか。国連制裁が認められなかったから、それに代えて独自制裁を実施するというのは、あたかも脱法的な措置として認められないのではないか、といった印象があるが、その印象は必ずしも正しくない。そもそも独自制裁はおよそ違法であるとの立場をとる場合は別として、そうでない場合には（以下ではその前提で論を進める）、今回のスナップバックの失敗の結果として、独自制裁が認められなくなるということではないように思える。この問題については、過去の国連制裁に含まれていた措置をとる場合と、

57 Kelsey Davenport, "Biden Victory May Save Iran Nuclear Deal," *Arms Control Today*, Vol. 50, No. 10 (December 2020), p. 29.

それ以外の措置をとる場合に分けて考えるのが便宜である。

過去の国連制裁に含まれていなかった措置を独自制裁としてとることとの関係で、今回のスナップバックの失敗が影響を及ぼさないのは自明である。スナップバックの失敗は国連制裁との関係における事態であることから、国連制裁に含まれていた措置とは無関係な独自制裁の法的地位に影響が及ぶことはそもそも考え難い。

では、過去の国連制裁に含まれていた措置（安保理決議 2231 で終了した措置）を独自制裁としてとることは許されるか。この点についても、結論は国連制裁に含まれていなかった措置の場合と異ならないように思える。なぜなら、国連制裁のスナップバックの失敗とは、国連加盟国がそれらの制裁措置をとることを義務づけられないことを意味するだけだからである。

もっともこの点は、安保理決議の「決定」についていえることであって、安保理決議で「要請」されていた措置については当てはまらない。しかし、「要請」されていた措置についても結論は同じであろう。なぜならスナップバックに失敗したということは、ここでも単に措置をとることが「要請」されることにはならなかったということを意味するだけであって、それらの措置をとることが禁止されることにはならないからである。

そもそもスナップバックに失敗したということは、国連制裁に関しては、基本的に JCPOA や決議 2231 に定める（制裁終了の）ままということになるが、アメリカは、JCPOA から脱退する前、つまり国連制裁を終了した JCPOA や決議 2231 の下においても、累次の安保理決議に定める国連制裁に含まれる措置を独自制裁として維持していた[58]。しかしそのこと自体、ほとんど問題とはされてこなかった[59]。それは、JCPOA の下におけるアメリカによる制裁解除の対象が基本的に同国による二次制裁に留まっていたからであろう。アメリカがスナップバック失敗後に、以前の安保理決議に定める措置（「決定」であれ「要請」で

---

58 Email from Richard Nephew, 4 November 2019.

59 例外的に問題としたものとして、Khoshroo, "Trump's Sanctions against Iran are a Clear Breach of International Law," op. cit.

あれ）をとったとしても、JCPOAの下でさえ許容されていたことがJCPOAから脱退した後には認められなくなるということにはなるまい。そのことは、スナップバックに失敗しても、もちろん変わらない。

以上を要するに、スナップバックに失敗した後の現在の制裁をめぐる法状況は、イランに対する以前の国連制裁を実施する義務はなく、その要請に応ずる必要もなく、国連制裁に定める措置を独自制裁として実施することも禁止されていないということである。そして事実としても、アメリカは、「通報」から30日余りが経過した2020年9月21日に「国連制裁を復活させる」行政命令を出したほか[60]（アメリカにとっては「国連制裁の復活」である）、その後も新たな制裁を実施している[61]。

なお、前述のように、そもそも独自制裁なるものが国際法上合法かという問題はあるし、それを肯定する場合にも、本件との関係でアメリカが独自制裁を実施する「適格」を有するかという問題があるが、そうした問題は別稿で検討したことがあるので、そちらを参照願いたい[62]。

60　White House, "Statement by the President regarding New Restrictions on Iran's Nuclear, Ballistic Missile, and Conventional Weapons Pursuits," 21 September 2020, at https://www.whitehouse.gov/briefings-statements/statement-president-regarding-new-restrictions-irans-nuclear-ballistic-missile-conventional-weapons-pursuits/ (accessed on 25 October 2020).

61　"U.S. Issues Fresh Iran-related Sanctions Targeting State Oil Sector," *Reuters*, 27 October 2020, at https://www.reuters.com/article/iran-nuclear-usa-sanctions/us-issues-fresh-iran-related-sanctions-targeting-state-oil-sector-idUSKBN27C069 (accessed on 28 October 2020).

62　浅田正彦「国家責任条文における対抗措置と対イラン独自制裁—相互依存的義務の違反をめぐって—」『国際法研究』第5号（2017年3月）31-69頁。

おわりに

――バイデン政権とイランの核問題のゆくえ――

以上、2002年8月のイラン反体制組織によるイランの未申告核関連活動の暴露に端を発し、およそ20年にも及ぶイランの核問題をめぐる経緯を見てきた。とりわけ、この問題に包括的な解決をもたらすべく作成された2015年7月の「包括的共同作業計画(JCPOA)」の合意と、JCPOAと密接に関連するものとして採択された安保理決議2231について、その内容の詳細な分析を試みた。JCPOAは複雑で難解な合意文書であるが、細部にまで入念に練られた文書である。同じことは決議2231についてもいえる。もちろん問題がない訳ではないが、当時において望み得た最善の合意に近いといえるかも知れない。

しかし、この合意のその後は必ずしも芳しいものではなかったし、その将来における展望も必ずしも明るいものではない。2017年に登場したアメリカのトランプ政権は、オバマ前政権の外交上の最大の成果ともいえるJCPOAを「史上最悪の合意(worst deal ever negotiated)」であるとして[1]、2018年5月に合意からの脱退を宣言した。さらに2020年8月には、決議2231に基づいて、JCPOAと同決議において終了していた国連制裁の復活の手続をとった。決議2231においてJCPOAの参加国のみに認められている手続を、JCPOAから脱退したアメリカが援用したことについては、法的に大きな疑義がある。しかし、たとえそれが無権限者の行為であって無効であるとしても、それは国連制裁が復活しないことを意味するだけであって、それによってアメリカが独自制裁をとるこ

1 Shahin Nabidavoodi, "The 'Worst Deal Ever Negotiated' Is Still Untouched," *New America*, 5 October 2017, at https://www.newamerica.org/weekly/worst-deal-ever-negotiated-still-untouched/ (accessed on 30 January 2021).

とができなくなる訳ではない(独自制裁一般の評価は別として)。

しかし、こうしたアメリカによる一連の措置に対して、イランはアメリカによるJCPOA脱退から1年が経過した2019年5月以降、段階的にJCPOAにおける自らの約束に違反する措置をとってきた。こうした措置はそれ自体、イランがJCPOAにおいて繰り返し実施を警告していたことであるが、イランの核問題の解決を困難にするものであることもまた明らかである。

2020年11月のアメリカ大統領選挙においてトランプ大統領が敗北し、民主党のバイデン候補が当選したことによって、この問題には新たな展開が生起しつつある。2021年1月20日に大統領に就任したバイデンは、就任前からJCPOAへの「復帰」の可能性を繰り返し語ってきた[2](スナップバックについては就任早々撤回した)[3]。しかし、それは無条件の復帰ではなく、「イランがJCPOAの厳格な遵守に回帰すれば」という条件つきである。イランも同様であって、JCPOAの再交渉はしないが、「アメリカとヨーロッパがJCPOAの遵守に回帰すれば……我々も完全な遵守に回帰する」と述べている[4]。いずれも相手側の遵守を条件としているが、現行のJCPOAを修正するというものではない(もっともアメリカは弾道ミサイルの開発規制や核計画の制限期間延長を模索しているようである)。EUの外相らも、JCPOAの復活に新たな前提条件を付けたり、それを強化したりすることなく、イランとアメリカが現行の合意に完全に復帰することを求めている[5]。

2　ただし、これは「出発点として」であって、その後にJCPOAを強化し延長する交渉を行うとしている。"Joe Biden: There's a Smarter Way to be Tough on Iran," *CNN*, 13 September 2020, at https://edition.cnn.com/2020/09/13/opinions/smarter-way-to-be-tough-on-iran-joe-biden/index.html (accessed on 30 December 2020); Malcolm Davis, "The Risks in Returning to the Iran Nuclear Agreement," *The Strategist*, 17 December 2020, at https://www.aspistrategist.org.au/the-risks-in-returning-to-the-iran-nuclear-agreement/ (accessed on 30 December 2020).

3　UN Doc. S/2021/158, 19 February 2021. イランはこの点を歓迎しながらも、アメリカがなおJCPOA参加国ではないことを強調している。UN Doc. S/2021/183, 24 February 2021.

4　Crispian Balmer, "Iran Ready to Show Goodwill if U.S., Europe Abide by Nuclear Deal: Zarif," *Reuters*, 3 December 2020.

5　Patrick Wintour, "EU Foreign Ministers Pave Way for Revival of Iran Nuclear Deal," *Guardian*, 21 December 2020. See also "Joint Ministerial Statement on the Joint Comprehensive Plan of Action," 21

JCPOAは政治的合意であるが、条約においても、一旦加入した条約から脱退し、その後再度加入するということは一般的に禁止されてはおらず、実際にそのような例も存在する[6]。条約よりも要式性の低い政治的合意においては、同様なことは当然に認められてしかるべきであろう。ただし、個々の合意、関連する事情などによっては、そうした一般論が当てはまらないこともありうる。

イランでは、同国の核開発において重要な役割を果たしてきた核科学者ファクリザデの暗殺(2020年11月27日)という事態を受けた形で、2020年12月2日に「制裁を解除しイランの国益を擁護するための戦略的行動計画(Strategic Action Plan to Lift Sanctions and Protect Iranian Nation's Interests)」と題する法律(一般に「制裁解除促進法」といわれる)が制定された。同法は、「イラン原子力庁(Atomic Energy Organization of Iran)は平和的目的のために毎年20%の純度の濃縮ウランを少なくとも120kg生産し貯蔵することを義務づけられる」(第1条)として、政府に原子力活動の加速化を義務づけた[7]。そして実際イランは、2020年12月末日、法律を遵守するためとして、フォルドウの施設で濃縮度20%のウランの生産に着手する方針(それまでは4.5%以下)をIAEAに伝えた後[8]、2021年1月4日の

December 2020, at https://eeas.europa.eu/headquarters/headquarters-homepage_en/90907/Joint%20Ministerial%20Statement%20on%20the%20Joint%20Comprehensive%20Plan%20of%20Action (accessed on 30 December 2020).

6 こうした実行としてよく知られているのが、自由権規約選択議定書を廃棄した後、留保を付して再加入したトリニダード・トバゴの例であろう。ロウル・ケネディ事件において、同国の留保を議定書の趣旨・目的と両立しないとした自由権規約委員会も、脱退後に再加入したこと自体を問題とはしてはいない。See UN Doc. CCPR/C/67/D/845/1999, 31 December 1999, para. 6.7.

7 National Iranian American Council (NIAC), "Iranian Parliament Bill on Nuclear Program: Full Text in English," 3 December 2020, at https://www.niacouncil.org/publications/iranian-parliament-bill-on-nuclear-program-full-text-in-english/?locale=en (accessed on 30 December 2020). 同法（英訳に不明確な部分はあるが）はさらに、イラン原子力庁に対し、①20%を超える濃縮を行うこと（第1条)、②少なくとも毎月500kgの濃縮ウランを生産できるよう濃縮能力の向上を開始すること（第2条)、③3か月以内に少なくとも1000基の第二世代の先進遠心分離機の運転を開始すること（第3条)、④5か月以内にイスファハンにおいて金属ウラン製造プラントを稼働させること(第4条)、⑤アラクの40メガワット重水炉を運転すること（第5条）を義務づけ、そして、この法律の履行を拒否する者は罰せられる（第9条）旨を規定する。Ibid.

8 Francois Murphy, "Iran Tells IAEA It Plans to Enrich Uranium to up to 20% at Fordow Site," *Reuters*, 2 January 2021, at https://jp.reuters.com/article/uk-iran-nuclear-iaea-idUKKBN2962KX (accessed on 29

作業着手から12時間以内に20%の濃縮を行ったと発表した[9]。

同じく制裁解除促進法は、イラン政府に、他のJCPOA参加国がJCPOA上のイランに対する約束につき完全には結果を出さず、銀行業務関係が正常化せず、輸出および石油製品の販売への障害が完全には除去されず、販売からの外国為替上の収益が直ちにかつ完全には返還されない場合には、2か月後に、追加議定書の実施を含め（包括的）保障措置協定を超える査察の受入れを停止すること（第6条）を義務づけている。この規定を受けてイランは、2021年2月23日に、追加議定書の暫定的適用を含むJCPOA上の透明性措置を停止した[10]。ただし、2月21日に行われたイラン原子力庁のサレヒ長官とIAEAのグロッシ事務局長との間の協議の結果、包括的保障措置協定の完全実施のほか、「[制裁解除促進]法と両立する範囲で、IAEAが（技術附属書に従い）3か月までの期間、必要な検証と監視の活動を継続するとの一時的な二者間の技術的了解（a temporary bilateral understanding, compatible with the Law, whereby the IAEA will continue with its necessary verification and monitoring activities for up to 3 months (as per technical annex)）」に合意した[11]。しかし、制裁解除促進法の内容からして、IAEAの行うことのできる「検証と監視の活動」には自ずから限界があろう。

さらに2021年4月には、ナタンズの濃縮施設へのサイバー攻撃ともみられる事態の発生（4月11日）を受けて、イラン政府が兵器級濃縮ウランに大きく近づく60%の濃縮ウランの製造を開始する旨をIAEAに通報し、IAEAもその開始を確認した[12]。これは、これまでイランが行ったことのなかった高い濃度の濃縮活動である。

January 2021).

9 『読売新聞』2021年1月6日。

10 IAEA, "Joint Statement by the Vice-President of the Islamic Republic of Iran and Head of the AEOI and the Director General of the IAEA," 21 February 2021, at https://www.iaea.org/newscenter/pressreleases/joint-statement-by-the-vice-president-of-the-islamic-republic-of-iran-and-head-of-the-aeoi-and-the-director-general-of-the-iaea (accessed on 13 March 2021).

11 Ibid.

12 Francois Murphy, "IAEA Confirms Iran Has Started Enriching Uranium to 60% Purity," *Reuters*, 18 April 2021.

2021年6月には、イランで大統領選挙が行われる。二期目を終える穏健派のロウハニ現大統領は、制度上立候補できないことになっている。2020年2月に行われたイランの議会選挙で、アメリカを敵視する「保守強硬派」が7割以上の議席を獲得して圧勝したことを想起すると[13]、アメリカのJCPOAへの復帰、イランのJCPOA遵守、そしてJCPOAの存続のためには、大統領選挙までに重要な合意に達しなければならないが、そのための動きはすでに始まっている[14]。

(付記) 本ブックレットは、『岡山大学法学会雑誌』第70巻3・4号に掲載した論文を基礎に、それをアップデートしつつ加筆・修正したものである。転載を許可して頂いた岡山大学法学会にお礼申し上げたい。

---

13 出川展恒「イラン議会選挙　強硬派圧勝の意味（時論公論）」(2020年2月27日）, at https://www.nhk.or.jp/kaisetsu-blog/100/422584.html (accessed on 13 March 2021).

14 2021年4月6日、アメリカとイランはJCPOA参加の英仏独露中を交えてウィーンで間接的な協議を行った。アメリカの意向も踏まえて、英仏独露中とイランは、アメリカの対イラン制裁解除と核開発抑制をそれぞれ扱う専門部会を設置し、今後の工程表の作成に当たることに合意した。ただし、イランは核開発抑制にはアメリカによる制裁の即時かつ一括解除が先決との立場を崩しておらず、またアメリカが模索する弾道ミサイルの開発規制や核計画の制限期間延長は一切議題にしないと強調しており、協議のゆくえは予断を許さない。『読売新聞』2021年4月8日。

資料　スナップバック手続関連規定

1. 包括的共同作業計画（第 36 項〜第 37 項）

紛争解決メカニズム

36. イランが、E3/EU+3 のいずれかまたはすべてがこの JCPOA に基づく約束を守っていないと考える場合には、イランは、解決のために問題を合同委員会に付託することができる。同様に、E3/EU+3 のいずれかが、イランがこの JCPOA に基づく約束を守っていないと考える場合には、E3/EU+3 のいずれも同様にすることができる。合同委員会は、コンセンサスにより期間が延長されない限り、問題の解決に 15 日間が与えられる。合同委員会の審議の後、遵守問題が解決されていないと考える場合には、いずれの参加者も問題を外務大臣（Ministers of Foreign Affairs）に付託することができる。外務大臣（Ministers）は、コンセンサスにより期間が延長されない限り、問題の解決に 15 日間が与えられる。合同委員会の審議の後—外務大臣レベルの検討と並行して（またはそれに代えて）—申立参加者または履行が疑問視されている参加者は、問題が諮問委員会（Advisory Board）で審議されるよう要請することができる。諮問委員会は、3 名の委員（係争中の参加者がそれぞれ 1 名ずつ任命する委員と独立の第三の委員）で構成される。諮問委員会は、15 日以内に当該遵守問題に関し拘束力のない意見を提出すべきものとされる。この 30 日間のプロセスで問題が解決しない場合には、合同委員会は、問題を解決するために 5 日を超えない期間、諮問委員会の意見について審議する。問題がなお申立参加者の満足のいくようには解決しない場合であって、かつその問題が重大な不履行を構成すると申立参加者が認める場合には、当該参加者はその未解決の問題をこの JCPOA に基づく自らの約束の全部または一部の履行を終了するための根拠として扱うことができ、および／または自らがその問題を重大な不履行を構成すると考える旨を国連安全保障理事会に通報することができる。

36. If Iran believed that any or all of the E3/EU+3 were not meeting their commitments under this JCPOA, Iran could refer the issue to the Joint Commission for resolution; similarly, if any of the E3/EU+3 believed that Iran was not meeting its commitments under this JCPOA, any of the E3/EU+3 could do the same. The Joint Commission would have 15 days to resolve the issue, unless the time period was extended by consensus. After Joint Commission

consideration, any participant could refer the issue to Ministers of Foreign Affairs, if it believed the compliance issue had not been resolved. Ministers would have 15 days to resolve the issue, unless the time period was extended by consensus. After Joint Commission consideration – in parallel with (or in lieu of) review at the Ministerial level - either the complaining participant or the participant whose performance is in question could request that the issue be considered by an Advisory Board, which would consist of three members (one each appointed by the participants in the dispute and a third independent member). The Advisory Board should provide a non-binding opinion on the compliance issue within 15 days. If, after this 30-day process the issue is not resolved, the Joint Commission would consider the opinion of the Advisory Board for no more than 5 days in order to resolve the issue. If the issue still has not been resolved to the satisfaction of the complaining participant, and if the complaining participant deems the issue to constitute significant non-performance, then that participant could treat the unresolved issue as grounds to cease performing its commitments under this JCPOA in whole or in part and/or notify the UN Security Council that it believes the issue constitutes significant non-performance.

37. 申立参加者からの上記の通報（このJCPOAに定める紛争解決プロセスを尽くすために当該参加者が行った誠実な努力の記述を含む）を受領し次第、国連安全保障理事会は、その手続に従い、制裁の解除を継続する決議につき投票を行うものとする。上記の決議が通報後30日以内に採択されない場合には、国連安全保障理事会が別段の決定を行わない限り、国連安全保障理事会の以前の諸決議の規定が再度適用される。その場合においても、適用の日の前にいずれかの当事者とイラン、イラン国籍の個人・団体との間に署名された契約に対して、それらの規定が遡及的な効果をもって適用されることはない。ただし、それらの契約で想定される活動およびその執行が、このJCPOAならびに以前および現在の国連安全保障理事会決議と合致することを条件とする。国連安全保障理事会は、通報につながった問題がこの期間内に解決する場合には、それらの規定の再適用を止める意図を表明しつつ、当該問題に関係する諸国の見解および諮問委員会の当該問題に関する意見を考慮する意図を有する。イランは、制裁の全部または一部が再度課される場合には、そのことをこのJCPOAに基づく約束の全部または一部の履行を終了する根拠として扱う旨を表明した。

37. Upon receipt of the notification from the complaining participant, as described above, including a description of the good-faith efforts the participant made to exhaust the dispute resolution process specified in this JCPOA, the UN Security Council, in accordance with

its procedures, shall vote on a resolution to continue the sanctions lifting. If the resolution described above has not been adopted within 30 days of the notification, then the provisions of the old UN Security Council resolutions would be re-imposed, unless the UN Security Council decides otherwise. In such event, these provisions would not apply with retroactive effect to contracts signed between any party and Iran or Iranian individuals and entities prior to the date of application, provided that the activities contemplated under and execution of such contracts are consistent with this JCPOA and the previous and current UN Security Council resolutions. The UN Security Council, expressing its intention to prevent the reapplication of the provisions if the issue giving rise to the notification is resolved within this period, intends to take into account the views of the States involved in the issue and any opinion on the issue of the Advisory Board. Iran has stated that if sanctions are reinstated in whole or in part, Iran will treat that as grounds to cease performing its commitments under this JCPOA in whole or in part.

2. 安保理決議 2231（第 10 項〜第 12 項）

安全保障理事会は、

…

以前の諸決議の規定の適用

10. 中国、フランス、ドイツ、ロシア連邦、連合王国、合衆国、欧州連合（EU）およびイラン（「JCPOA 参加者」）が JCPOA の約束の履行に関して生ずるいかなる問題も JCPOA に定める手続を通じて解決するよう奨励し、および、JCPOA 参加者が他の JCPOA 参加者の重大な不履行について行うことのある申立てについて検討する意図を表明する。

10. *Encourages* China, France, Germany, the Russian Federation, the United Kingdom, the United States, the European Union (EU), and Iran (the "JCPOA participants") to resolve any issues arising with respect to implementation of JCPOA commitments through the procedures specified in the JCPOA, and *expresses* its intention to address possible complaints by JCPOA participants about significant non-performance by another JCPOA participant;

11. 国際連合憲章第 41 条の下で行動して、JCPOA に基づく約束の重大な不履行を構成すると JCPOA 参加国が考える問題についての当該 JCPOA 参加国による通報の受領の後30日以内に、この決議の第7項(a)における終了の効果を継続させる決議案を表決に付すことを<u>決定し</u>、さらに、上記通報の後10日以内に安全保障理事会のいずれの理事国も表決のためにそのような決議案を提出しない場合には、安全保障理事会の議長はそのような決議案を提出し、上記の通報後30日以内にそれを表決に付すことを<u>決定し</u>、および、当該問題に関係する諸国の見解およびJCPOAにおいて設置される諮問委員会の当該問題に関する意見を考慮する意図を<u>表明する</u>。

11. *Decides*, acting under Article 41 of the Charter of the United Nations, that, within 30 days of receiving a notification by a JCPOA participant State of an issue that the JCPOA participant State believes constitutes significant non-performance of commitments under the JCPOA, it shall vote on a draft resolution to continue in effect the terminations in paragraph 7 (a) of this resolution, *decides* further that if, within 10 days of the notification referred to above, no Member of the Security Council has submitted such a draft resolution for a vote, then the President of the Security Council shall submit such a draft resolution and put it to a vote within 30 days of the notification referred to above, and *expresses* its intention to take into account the views of the States involved in the issue and any opinion on the issue by the Advisory Board established in the JCPOA;

12. 国際連合憲章第41条の下で行動して、安全保障理事会が別段の決定を行わない限り、安全保障理事会が第11項の下で第7項(a)における終了の効果を継続させる決議を採択しない場合には、第11項にいう安全保障理理事会への通報後30日目の日の後のグリニッジ標準時正子において、第7項(a)に従って終了していた決議1696(2006)、1737(2006)、1747(2007)、1803(2008)、1835(2008)および1929(2010)のすべての規定を、この決議の採択前に適用されていたのと同じ態様で適用し、ならびに、この決議の第7項、第8項、第16項および第20項に含まれる措置を終了することを<u>決定する</u>。

12. *Decides*, acting under Article 41 of the Charter of the United Nations, that, if the Security Council does not adopt a resolution under paragraph 11 to continue in effect the terminations in paragraph 7 (a), then effective midnight Greenwich Mean Time after the thirtieth day after the notification to the Security Council described in paragraph 11, all of the provisions of resolutions 1696 (2006), 1737 (2006), 1747 (2007), 1803 (2008), 1835 (2008), and 1929 (2010) that have been terminated pursuant to paragraph 7 (a) shall apply in the same manner as they applied before the adoption of this resolution, and the measures contained in paragraphs 7, 8 and 16 to 20 of this resolution shall be terminated, unless the Security Council decides otherwise;

…

索　引

ま行

ら行

著 者

浅田　正彦（あさだ　まさひこ）

1981 年　京都大学法学部卒業
1996 年　岡山大学法学部教授
1999 年　京都大学大学院法学研究科教授
2009 年　国連安全保障理事会北朝鮮制裁パネル委員
2021 年　同志社大学法学部教授、京都大学名誉教授
専攻：国際法　博士（法学）
主要著書：『日中戦後賠償と国際法』（東信堂、2015 年）、『国際法（第 4 版）』（編著、東信堂、2019 年）、『判例国際法（第 3 版）』（共編、東信堂、2019 年）、『現代国際法の潮流 I』（共編、東信堂、2020 年）、『現代国際法の潮流 II』（共編、東信堂、2020 年）、*Economic Sanctions in International Law and Practice*（Editor, Routledge, 2020）、『ベーシック条約集 2021』（編集代表、東信堂、2021 年）

国際法・外交ブックレット②

イランの核問題と国際法

2021 年 5 月 31 日　　初　版第 1 刷発行　　〔検印省略〕

定価は表紙に表示してあります。

著者Ⓒ浅田正彦／発行者　下田勝司　　印刷・製本／中央精版印刷株式会社

東京都文京区向丘 1-20-6　　郵便振替 00110-6-37828

〒 113-0023　TEL (03) 3818-5521　FAX (03) 3818-5514　　発行所 株式会社 東 信 堂

Published by TOSHINDO PUBLISHING CO., LTD.
1-20-6, Mukougaoka, Bunkyo-ku, Tokyo, 113-0023, Japan
E-mail : tk203444@fsinet.or.jp　http://www.toshindo-pub.com

ISBN978-4-7989-1711-5 C0332　

東信堂

2008年アメリカ大統領選挙—オバマの当選は何を意味するのか	前嶋和弘・吉野孝 編著	二〇〇〇円
オバマ政権はアメリカをどのように変えたのか—支持連合・政策成果・中間選挙	吉野孝・前嶋和弘 編著	二六〇〇円
オバマ政権と過渡期のアメリカ社会—選挙、政党、制度、メディア、対外援助	吉野孝・前嶋和弘 編著	二四〇〇円
オバマ後のアメリカ政治—二〇一二年大統領選挙と分断された政治の行方	吉野孝・前嶋和弘 編著	二五〇〇円
危機のアメリカ「選挙デモクラシー」—社会経済変化からトランプ現象へ	吉野孝・前嶋和弘 編著	二七〇〇円
ホワイトハウスの広報戦略—大統領のメッセージを国民に伝えるために	M・J・クマー／吉牟田剛 訳	二八〇〇円
「帝国」の国際政治学—冷戦後の国際システムとアメリカ	山本吉宣	四七〇〇円
アメリカの介入政策と米州秩序—複雑システムとしての国際政治	草野大希	五四〇〇円
国際開発協力の政治過程—国際規範の制度化とアメリカ対外援助政策の変容	小川裕子	四〇〇〇円
国際関係入門—共生の観点から	黒澤満 編	一八〇〇円
国際共生とは何か—平和で公正な社会へ	黒澤満 編	二〇〇〇円
国際共生と広義の安全保障	黒澤満 編	二〇〇〇円
国際交流のための現代プロトコール	阿曽村智子	二八〇〇円
現代アメリカのガン・ポリティクス	鵜浦裕	二〇〇〇円
暴走するアメリカ大学スポーツの経済学	宮田由紀夫	二六〇〇円
グローバル化と地域金融	内田真人・福光寛 編著	三二〇〇円
現代国際協力論—学融合による社会科学の試み	柳田辰雄 編著	三二〇〇円
揺らぐ国際システムの中の日本	柳田辰雄 編著	二〇〇〇円
貨幣ゲームの政治経済学	柳田辰雄	二〇〇〇円
相対覇権国家システム安定化論—東アジア統合の行方	柳田辰雄	二四〇〇円
国際政治経済システム学—共生への俯瞰	柳田辰雄	一八〇〇円

〒113-0023　東京都文京区向丘 1-20-6　　TEL 03-3818-5521　FAX03-3818-5514　振替 00110-6-37828
Email tk203444@fsinet.or.jp　URL:http://www.toshindo-pub.com/

※定価：表示価格（本体）＋税

東信堂

書名	著者	価格
倫理学と法学の架橋—ファインバーグ論文選	J・ファインバーグ 嶋津・飯田編、監訳	六八〇〇円
責任という原理—科学技術文明のための倫理学の試み（新装版）	H・ヨナス 加藤尚武監訳	四八〇〇円
主観性の復権—心身問題から『責任という原理』へ	H・ヨナス 宇佐美・滝口訳	二〇〇〇円
ハンス・ヨナス「回想記」	H・ヨナス 盛永・木下・馬渕・山本訳	四八〇〇円
生命の神聖性説批判	H・クーゼ著 飯田・石川・小野谷・片桐・水野訳	四六〇〇円
生命科学とバイオセキュリティ—デュアルユース・ジレンマとその対応	四ノ宮成祥 河原直人 編著	二四〇〇円
医学の歴史	今井道夫 石渡隆司 監訳	四六〇〇円
安楽死法：ベネルクス3国の比較と資料	盛永審一郎監修	二七〇〇円
死の質—エンド・オブ・ライフケア世界ランキング	丸祐一・小野谷加奈恵・飯田亘之訳	一二〇〇円
バイオエシックスの展望	坂井昭宏 松浦悦子 編著	三二〇〇円
死生学入門—小さな死・性・ユマニチュード	大林雅之	一二〇〇円
生命の問い—生命倫理学と死生学の間で	大林雅之	二〇〇〇円
生命の淵—バイオシックスの歴史・哲学・課題	大林雅之	二〇〇〇円
今問い直す脳死と臓器移植〔第2版〕	澤田愛子	二〇〇〇円
キリスト教から見た生命と死の医療倫理	浜口吉隆	二三八一円
動物実験の生命倫理—個体倫理から分子倫理へ	大上泰弘	四〇〇〇円
医療・看護倫理の要点	水野俊誠	二〇〇〇円
テクノシステム時代の人間の責任と良心	H・レンク 山本・盛永訳	三五〇〇円
原子力と倫理—原子力時代の自己理解	Th・リット 小笠原道雄編	一八〇〇円
科学の公的責任—科学者と私たちに問われていること	Th・リット 小笠原・野平編訳	一八〇〇円
歴史と責任—科学者は歴史にどう責任をとるか	Th・リット 小笠原・野平編訳	一八〇〇円

〔ジョルダーノ・ブルーノ著作集〕より

書名	著者	価格
カンデライオ	加藤守通訳	三二〇〇円
原因・原理・一者について	加藤守通訳	三二〇〇円
傲れる野獣の追放	加藤守通訳	四八〇〇円
英雄的狂気	加藤守通訳	三六〇〇円
ロバのカバラ—ジョルダーノ・ブルーノにおける文学と哲学	N・オルディネ 加藤守通監訳	三六〇〇円

〒113-0023 東京都文京区向丘 1-20-6 TEL 03-3818-5521 FAX03-3818-5514 振替 00110-6-37828
Email tk203444@fsinet.or.jp URL:http://www.toshindo-pub.com/

※定価：表示価格（本体）＋税

東信堂

書名	著者	価格
オックスフォード キリスト教美術・建築事典	P&L・マレー著 中森義宗監訳	三〇〇〇〇円
イタリア・ルネサンス事典	J・R・ヘイル編 中森義宗監訳	七八〇〇円
美術史の辞典	P・デューロ他 中森義宗・清水忠訳	三六〇〇円
涙と眼の文化史—中世ヨーロッパの標章と恋愛思想	徳井淑子	三六〇〇円
青を着る人びと	伊藤亜紀	三五〇〇円
社会表象としての服飾—近代フランスにおける異性装の研究	新實五穂	三六〇〇円
書に想い 時代を讀む	河田悌一	一八〇〇円
日本人画工 牧野義雄—平治ロンドン日記	ますこ ひろしげ	五四〇〇円
美を究め美に遊ぶ—芸術と社会のあわい	江藤光紀・荻野厚志・田中佳 編著	二八〇〇円
バロックの魅力	小穴晶子編	二六〇〇円
新版 ジャクソン・ポロック	藤枝晃雄	二六〇〇円
西洋児童美術教育の思想—ドローイングは豊かな感性と創造性を育むか?	要真理子・前田茂監訳	三六〇〇円
ロジャー・フライの批評理論—知性と感受性の間で	要真理子	四二〇〇円
レオノール・フィニ—境界を侵犯する新しい種	尾形希和子	二八〇〇円
(世界美術双書)		
バルビゾン派	井出洋一郎	二〇〇〇円
キリスト教シンボル図典	中森義宗	二三〇〇円
パルテノンとギリシア陶器	関隆志	二三〇〇円
中国の版画—唐代から清代まで	小林宏光	二三〇〇円
象徴主義—モダニズムへの警鐘	中村隆夫	二三〇〇円
中国の仏教美術—後漢代から元代まで	久野美樹	二三〇〇円
セザンヌとその時代	浅野春男	二三〇〇円
日本の南画	武田光一	二三〇〇円
画家とふるさと	小林忠	二三〇〇円
ドイツの国民記念碑—一八一三—一九一三年	大原まゆみ	二三〇〇円
日本・アジア美術探索	永井信一	二三〇〇円
インド、チョーラ朝の美術	袋井由布子	二三〇〇円
古代ギリシアのブロンズ彫刻	羽田康一	二三〇〇円

〒113-0023 東京都文京区向丘 1-20-6 TEL 03-3818-5521 FAX03-3818-5514 振替 00110-6-37828
Email tk203444@fsinet.or.jp URL:http://www.toshindo-pub.com/

※定価：表示価格（本体）＋税